ESSAI

DE

GÉOLOGIE ET DE PALÉONTOLOGIE

AVEYRONNAISES.

ESSAI

DE

GÉOLOGIE ET DE PALÉONTOLOGIE

AVEYRONNAISES

PAR

P. REYNÈS

Docteur en médecine et ès-sciences,
Membre correspondant de l'Institut Impérial Géologique de Vienne,
de la Société Géologique de France, de Paleontological Society,
de la Société Linnéenne de Normandie, etc.

PARIS
J.-B. BAILLIÈRE & FILS,
LIBRAIRES DE L'ACADÉMIE IMPÉRIALE DE MÉDECINE,
RUE HAUTEFEUILLE, 19.

BERLIN,
R. FRIEDLÄNDER ET SOHN, DOROTHEENSTRASSE 94.

MARSEILLE,
E. CAMOIN, RUE CANNEBIÈRE, 1

1868

AVANT-PROPOS.

Cette notice était destinée à faire partie des publications d'une société littéraire et scientifique ; des empêchements de plus d'une espèce dont je n'ai pas à parler ici, et enfin la dissolution de cette société m'ont mis dans l'impossibilité de réaliser ce désir. Trompé dans mon attente, je me suis décidé à publier ce travail à mes frais ; les planches sont faites depuis l'année 1864, et le dépôt qui en a été fait à la Préfecture sert de preuve à l'attestation de ce fait. J'ai pensé qu'une œuvre de cette nature serait de quelque utilité pour le géologue et le paléontologue ; outre qu'elle renferme quelques considérations inédites sur la désignation et la délimitation des étages, cette notice comprend la description de plusieurs espèces nouvelles et de quelques autres espèces qui n'ont été jusqu'ici rencontrées que dans les Alpes. Le rapprochement de ces espèces, dont le gisement est si précis dans l'Aveyron, jettera probablement un peu de jour sur l'étude des terrains similaires qui se rencontrent dans les Alpes et qui sont environnés de si nombreuses difficultés. Il n'en est pas ainsi dans l'Aveyron ; le rapport des strates n'a pas été sensiblement altéré par les bouleversements auxquels le pays a été soumis, et alors même qu'un dérangement s'est produit, il est assez faible pour qu'il soit facile de reconstituer leur état primitif. Les relations nettes et précises des couches, qui résultent de l'orographie du pays, les rapports évidents qu'elles ont entre elles donnent à cette étude un cachet de certitude dont beaucoup de contrées sont entièrement privées. Considéré à ce point de vue, ce travail ne manquera pas de quelque intérêt et il joindra à celá une utilité réelle en assignant une position précise aux espèces qui peuplaient les mers des anciens mondes.

ESSAI

DE

GÉOLOGIE ET DE PALÉONTOLOGIE

AVEYRONNAISES.

HISTORIQUE.

Les roches primitives et métamorphiques et les terrains des époques paléozoïque et secondaire forment presque la totalité du sol aveyronnais. Les terrains diluviens ou de transport revêtent, il est vrai, le fond des vallées, mais leur étendue est si peu considérable, que les autres terrains doivent être considérés comme occupant la majeure partie de la surface. Parmi les terrains sédimentaires, on rencontre le Silurien, le Houiller, le Permien, les trois étages du Trias, enfin la série jurassique jusqu'à l'Oxfordien. L'aspect montagneux donne au pays une physionomie des plus accidentées et les relations des divers étages se montrent ici plus évidentes que partout ailleurs ; aussi l'intérêt qui s'attache à l'étude géologique de la contrée devient-il plus grand par suite du haut degré de certitude qu'on acquiert dans l'observation claire et précise des faits géologiques.

De nombreux travaux ont été déjà publiés sur l'Aveyron ;

en première ligne, je dois citer la carte du département, qui fait partie du magnifique travail d'ensemble de MM. Dufrenoy et Elie de Beaumont.

En 1844, Marcel de Serres a publié une notice géologique qui a été couronnée par la Société Royale de Bruxelles. Dans ce travail, remarquable pour l'époque à laquelle il a été publié, ce savant passe en revue les divers terrains qui constituent le sol du pays.

Parmi les roches primitives, Marcel de Serres cite les Granits, les schistes argileux et les phyllades micacés; à côté de ces roches, il en désigne une série d'autres qui leur sont subordonnées, parmi lesquelles on remarque les Diorites, les Serpentines, les Amphibolites, les Eurites, les Pegmatites, les Leptinites, les Eclogites, etc.

Dans les terrains de transition, ce savant comprenait les schistes argileux, les phyllades et les calcaires de la partie méridionale de l'arrondissement de Saint-Affrique. Ces dépôts ont d'après l'auteur la plus grande analogie avec ceux des environs de Lodève, mais il ne se prononce pas sur l'âge de ces formations.

M. Marcel de Serres décrit ensuite le terrain houiller et le Trias; il donne une liste assez complète des végétaux fossiles qu'on trouve dans le premier de ces terrains. Dans le Trias, il reconnaît trois étages, le Grès bigarré, le Muschelkalk et les Marnes irisées. En consultant le travail de ce savant, on voit que M. de Serres a rapporté tous les grès rouges, que je considère aujourd'hui comme permiens à l'étage du Grès bigarré.

Marcel de Serres ne dit pas suffisamment dans sa notice quels sont les calcaires qu'il considère comme les équivalents du Muschelkalk et les expressions qu'il cite à propos de ces étages laissent penser qu'il n'a pas reconnu ce terrain dans la position réelle qu'il occupe dans l'Aveyron.

Le même auteur passe en revue les divers étages du Lias et de l'Oolithe, mais sans rien préciser sur leur délimitation. Il cite comme fossiles caractéristiques des poissons (Cyprinus Elvensis Blainv.) des Belemnites, des Ammonites, etc., ce qui ne permet pas de mettre en doute qu'il ait parfaitement reconnu cet étage.

Je n'insisterai pas davantage sur ce travail qui a pour principal avantage d'avoir précédé tous les autres.

En 1856 (1), M. Parran, ingénieur des mines, a publié une note sur les formations secondaires des environs de Saint-Affrique. Il fait remarquer que les grès et marnes rouges des environs de Camarès, désignées sous le nom de Grès bigarré par les auteurs de la carte géologique de France, appartiennent probablement au Permien. Il ajoute plus loin que le rapprochement entre le Permien de Lodève et celui de l'Aveyron, réduit considérablement la formation triasique de l'Aveyron et ne serait composée que du seul étage des Marnes irisées (page 96). M. Parran a certainement bien vu en reconnaissant le Permien dans les marnes et grès lie de vin du Camarès, mais il a été trop loin en assimilant au Keuper l'ensemble des strates comprises entre le Permien et la partie inférieure du Lias. Le Trias de l'Aveyron est complet, ainsi que nous le démontrerons, et on y trouve constamment les trois étages : Grès bigarré, Muschelkalk et Marnes irisées (page 96).

Dans la même note, M. Parran s'attache à trouver les divers équivalents des étages établis par d'Orbigny et les

(1) Note sur les formations secondaires des environs de Saint-Affrique.

auteurs modernes ; c'est ainsi qu'il reconnaît successivement l'Infralias, le Lias moyen, les marnes supraliasiques, l'Oolithe inférieur et l'Oxfordien.

Les relations stratigraphiques et les listes des fossiles prouvent la justesse des observations de cet auteur. Le seul point qui nous a paru obscur dans la note de M. Parran, c'est la séparation de l'Infralias et du Lias inférieur ; il attribue 3 à 4 mètres d'épaisseur au 1er de ces étages et 80 mètres aux dolomies et calcaires infraliasiques. Mes observations ne concordent pas avec celles que je viens d'exposer et je donne une épaisseur de 10 ou 15 mètres au Lias inférieur, tandis que l'Infralias a une épaisseur de plus de 80 mètres. Il n'est même pas possible d'établir une ligne de démarcation parmi tous ces calcaires ruiniformes et dépourvus de fossiles ; ce n'est que dans les dernières assises, presque sous les calcaires du lias moyen que j'ai rencontré quelques espèces fossiles du Lias inférieur, Spirifer Walcotii, Lima gigantea.

En 1858, il a paru une carte géologique de l'arrondissement de Saint-Affrique ; cette carte est précédée d'une notice qui a été rédigée en commun avec mon excellent ami le professeur de Rouville. Nous avons reconnu le Silurien inférieur, le terrain houiller, le Grès bigarré (Permien), les marnes irisées (Trias), les trois divisions de Lias, l'Oolithe inférieur et l'Oxfordien. Il faut bien le reconnaître, nous avons fait une faute grave en méconnaissant le Permien et les trois étages du Trias ; mais nous devons ajouter que cette erreur a été partagée par bien des géologues et qu'il est facile de se tromper en bonne compagnie.

Il ne m'appartient pas de critiquer les savants auteurs

de la carte géologique de France ; je me bornerai à montrer en quoi diffèrent mes vues de celles de ces illustres géologues ; le Permien est désigné sous le nom d'ensemble de Trias. Quant au Trias lui-même, dans toutes les régions méridionales de la France, ces savants le considèrent comme du grès infraliasique ; cette expression est vraie, prise au pied de la lettre, mais elle ne saurait être admise pour désigner l'horizon si connu de l'Infralias de la Lorraine et de la Bourgogne. L'Infralias et le Lias inférieur sont donnés comme calcaire à Griphée arquée, bien que jusqu'à présent ce fossile n'ait jamais été rencontré dans l'Infralias. Le Lias moyen marneux et le Lias supérieur sont confondus avec l'Oolithe inférieur, et le dernier étage représente l'étage oolitique moyen.

Dans ces dernières années M. Boisse a produit plusieurs travaux géologiques sur l'Aveyron et une magnifique carte géologique. Dans ses divers travaux, M. Boisse considère le Permien comme du Trias et quant aux autres étages, il admet à peu près les dénominations de la carte géologique de France. Après avoir jeté un coup-d'œil rapide sur les travaux qui ont précédé celui-ci, entrons en matière.

ROCHES IGNÉES.

Le sol aveyronnais est formé par des terrains ignés et des terrains sédimentaires ; mais leur répartition est inégale ; les premiers occupent les deux-tiers environ du département, tandis que les derniers, enclavés dans un golfe assez étroit, n'ont qu'une étendue bien plus limitée.

Les roches ignées sont de plusieurs sortes et on en voit au moins de trois différentes espèces : roches primitives (Granits, Gneis), roches métamorphiques (Micaschistes) et roches plutoniques (Basaltes). Les roches primitives et métamorphiques forment des plateaux très-vastes et assez élevés : le Levesou, le Causse noir et le plateau de la Guiole au nord du département.

Le plateau du Levesou est placé au centre du département ; sa longueur de St-Rome de Tarn à Rignac est de 50 kilomètres ; perpendiculairement à cette direction, son étendue est à peu près la même. La composition en est uniforme et à part quelques Granits placés à l'ouest à l'extrémité du plateau et dans le voisinage de Villefranche, on ne rencontre que des roches métamorphiques Gneis et Micaschistes ; ça et là des roches de très-peu d'étendue et de nature diverse viennent saillir à la surface (Feldspath, Actinote, etc.)

Nous observons la même composition dans le plateau situé au nord du département ; ce vaste massif de micaschistes qui se soude au nord avec le plateau central est borné au sud par une masse granitique située entre Villecomtal et Entraygues.

Quant au troisième plateau, qui ne forme qu'une légère pointe dans l'Aveyron vers Saint-Jean-du-Bruel, il appartient presque en entier aux départements de l'Hérault et du Gard ; les Granits y sont puissamment développés.

L'étude de ces masses primitives, qui semble si aride par la monotonie de leur composition, devient des plus intéressantes pour celui qui se livre à la recherche des miméraux ; ainsi j'ai eu occasion de recueillir près d'Arvieux de l'Actinote, des Tourmalines, des Améthistes, des Grenats, etc.

Pour compléter tout ce qui a trait aux roches ignées, je parlerai brièvememt des phénomènes volcaniques ; bien que l'action plutonique se soit manifestée sur bien des points dans le département de l'Aveyron, on ne saurait dire que son intensité ait été bien grande. Cependant, dans le nord du département, à Laguiole, l'on peut voir de puissants dépôts de basalte colomnaire et d'une étendue considérable. Au sud et à la limite des départements de l'Hérault et de l'Aveyron, il existe aussi une montagne volcanique, Mourgis. A part ces deux masses puissantes, on ne voit ça et là que des dykes basaltiques qui viennent témoigner de la puissance ignée.

Comme action de même ordre, je dois citer un dyke porphyrique qui coupe transversalement la route de Sylvanès à Lodève et qui est remarquable par les gros cristaux de Feldspath que l'action atmosphérique met incessamment à nu.

Passons maintenant à l'étude des terrains formés par l'action des eaux.

TERRAINS SÉDIMENTAIRES.

Les terrains qui composent la presque totalité du sol des arrondissements de Saint-Affrique et de Milhau sont : le

Silurien, le Permien, le Trias avec ses trois divisions : l'Infralias, les Lias inférieur, moyen et supérieur, et l'Oolithe inférieur. Tous ces terrains sédimentaires font partie d'une vaste cuvette bornée au sud et à l'ouest par la montagne Noire et le plateau du Levesou ; au nord et à l'est par le plateau central et ses dépendances. Cette vaste surface, qui autrefois formait un golfe considérable, avait accès avec la mer extérieure par une large ouverture comprise entre la montagne Noire et les Cévennes de la Lozère. Les parties qui se soulevèrent les premières occupaient toute la région sud-est ; aussi est-ce là que nous trouvons généralement les terrains les plus anciens. Dans la région nord-est, le soulèvement ayant été moins énergique, les terrains émergés occupent une bien moins grande surface. Il suffit de jeter un coup-d'œil sur la carte de France de MM. Elie de Beaumont et Dufrenoy pour se convaincre de ce fait. Les terrains sédimentaires s'appuient successivement les uns sur les autres en partant de la montagne Noire et du Levesou et leur prolongement général se fait du nord-est au sud-ouest ; je démontrerai cependant plus loin que bien que générale cette inclinaison offre quelques exceptions et je citerai plusieurs cas de discordance.

TERRAIN SILURIEN.

Le terrain silurien inférieur, qui recouvre immédiatement les micaschistes, est principalement développé dans tout le sud-ouest de l'arrondissement de St-Affrique; en dehors de cette région, ce terrain n'est représenté que par des lambeaux de peu d'étendue qui contournent le golfe Aveyronnais limité par les micaschistes. Il est habituellement formé par des stéaschistes luisants d'un gris blanchâtre ; ces stéaschistes composent à eux seuls presque tous ces terrains et sont fortement relevés ; l'inclinaison atteint 80° et devient même verticale en certains endroits; on trouve çà et là des poches d'un sable jaunâtre calcaire et ferrugineux qui est exploité dans le pays pour les constructions. Dans la partie supérieure, ce terrain est traversé par des calcaires noirs, très-durs, veinés de blanc et à texture presque cristalline; ils pourraient être employés comme marbre, mais jusqu'ici ils n'ont été exploités que pour la fabrication de la chaux et comme matériaux de construction; ils suivent l'inclinaison générale du terrain et sont par conséquent fortement redressés; la plupart des sources naissent à la séparation des schistes et des calcaires, et, parmi les plus remarquables, je dois signaler les eaux thermales de Sylvanès.

L'absence de fossiles ne permet pas de se prononcer sur l'âge du terrain ; on ne saurait cependant hésiter à les rattacher à la période silurienne inférieure, à cause de la ressemblance parfaite des caractères pétrographiques de ces schistes avec ceux des environs de Neffiès (Hérault). C'est dans les schistes de cette localité que l'on trouve les gâteaux à Trilobites et ces monstrueux Asaphes qui dépassent en taille ceux qu'on a rencontrés ailleurs.

Les schistes siluriens sont en discordance avec les étages supérieurs ; près de Sylvanès, on peut observer ce fait; on voit les schistes siluriens fortement redressés, tandis que les grès permiens, immédiatement au-dessus, ne sont que faiblement inclinés ; la ligne de séparation de ces deux terrains est même dans la rivière de Sylvanès.

Le terrain silurien n'est pas constamment en rapport avec le terrain permien. J'ai vu le Trias reposer directement sur les schistes siluriens (Montpaon). Aux environs de Ceilhes et à la limite des deux départements , de l'Hérault et de l'Aveyron , l'infralias est en contact immédiat avec le même terrain. Dans le nord-est du département, l'Oolithe inférieur et les marnes supérieures du Lias reposent transgressivement sur les micaschistes.

TERRAIN HOUILLER.

Les étages siluriens , moyen et inférieur , les terrains dévoniens et carbonifères manquent dans le département de l'Aveyron ; si nous avons à regretter l'absence des étages inférieurs de l'époque paléozoïque , nous avons à signaler deux étages , moins anciens , qui sont largement répandus dans la contrée : le terrain houiller et le terrain permien.

Le terrain houiller forme de puissantes assises à l'Ouest du département ; les forges de Decazeville et d'Aubin sont entretenues par le combustible si abondamment accumulé dans les bassins de ces contrées.

L'épaisseur considérable du dépôt en fait des mines inépuisables. En suivant les bords du bassin aveyronnais et en contournant le golfe formé par les roches métamorphiques et siluriennes, on rencontre ça et là des dépôts de charbon, immédiatement recouverts par le terrain permien ; on constate des affleurements de combustible près de Rhodez, à Severac-le-Château.

Quelques poches de terrain houiller se montrent aux environs de Brousse, dans l'arrondissement de Saint-Affrique ; bien que jusqu'à présent on n'ait découvert la houille sur aucun autre point de cet arrondissement, il pourrait très-bien se faire qu'on la rencontrât plus tard et que les couches de houille existassent dans le bassin de Camarès recouvertes par le terrain permien. Il est d'autant plus surprenant qu'on n'ait pas entrepris des fouilles dans cette contrée, que les grès sont d'une facile exploitation et que la situation de ce bassin entre Grayssessac et Decazeville donne aux travaux une probabilité de réussite qui manque bien souvent ailleurs. J'ai recueilli aux environs de Brousse des calamites et des fougères de l'époque houillère.

Marcel de Serres, dans sa notice sur l'Aveyron, a publié d'après M. Boisse une liste des espèces de la flore houillère des environs de Firmy et Decazeville.

Calamites....... dubius.
» ..... cannæformis.
» ..... Suckovii.
» ..... approximatus.
» ..... 3 espèces indéterminées.

Nevropteris..... auriculata.
» .... Williersii ?
» .... Species nova.
» .... Idem.

Odontopteris ...	major.
»	minor.
»	Brardii (vel affinis).
Cyclopteris......	Species nova (Trichomanoïdes affinis).
Pecopteris	arborescens.
»	Cyathæa.
»	arguta.
»	3 ou 4 espèces indéterminées.
Sphœnopoteris...	trifoliolata.
Sigillaria	Brardii.
»	Candolliana.
»	Plusieurs espèces indéterminées.
Sphenophyllum ..	fimbriatum.
» ..	dentatum.
Annularia.......	longifolia.
»	brevifolia (type).
»	brevifolia, var. minor.
Asterophyllites ..	rigida.
» ...	Volkmannia polystachia.
Nœggerathia....	
Caulopteris......	
»	
Cardiocarpon....	Carpolithes hexagonus.

Parmi les diverses productions des mines de houille, nous devons signaler quelques substances minérales ; une Allophane a été rencontrée dans les mines de charbon de Firmi ; c'est un silicate hydraté d'alumine blanchâtre et différant, suivant Marcel de Serres, de l'Allophane de Grafenthal par la quantité d'eau ; cette substance a été reconnue pour la première fois par M. Guillemain, ingénieur des mines. Une autre substance de composition très-voisine de la précédente, a été rencontrée dans la même localité, mais dans un gisement différent ; c'est la Pholérite qui se trouve dans les fissures des rognons de minerai de fer.

Dans les terrains houillers de la Tomade, près de Rhodez, M. Boisse a découvert la Webstérite ; elle est en petites masses allongées, terreuses et blanchâtres, dans une argile grise, stéatiteuse et très-douce au toucher.

TERRAIN PERMIEN.

Immédiatement au-dessus des schistes siluriens, on voit une vaste et épaisse série de psammites rougeâtres micacés ; c'est le terrain permien. Ces couches, tantôt en lits minces et désagrégés, tantôt en couches épaisses et compactes, sont colorées diversement. Les premières, celles qui sont décomposées, qui ont reçu l'action de l'air, sont invariablement rouges. Les masses compactes sont noirâtres avec une légère teinte de vert ; mais la surface de ces masses ne tarde pas à prendre la couleur rouge, par la désagrégation successive de la roche, et la teinte pénètre de plus en plus dans l'intérieur de la masse. Sur quelques points très-isolés, l'hématite rouge a absorbé l'humidité et la roche a pris une teinte ochreuse ; cette altération est assez rare. Les masses compactes et fissiles ne se trouvent pas indistinctement à la base ou vers le sommet de l'étage ; c'est généralement vers la base que l'on rencontre les premières, tandis que les argiles ferrugineuses sont extrêmement abondantes dans les dépôts les plus récents. Le plongement général du terrain est de 30° environ ; cette inclinaison générale de la stratification met le terrain permien en discordance avec les schistes siluriens qui sont presque verticaux, et avec le Trias dont les assises sont inclinées de 10 à 15°.

Mais ce fait n'est pas constant dans toutes les localités ; près du village de Latour, on voit de la manière la plus évidente l'horizontalité de couches permiennes. Il est encore bien d'autres lieux où la discordance de stratification n'existe plus avec la série triasique.

Tous ceux qui ont étudié le Permien des environs de Lodève savent qu'à la base on rencontre une série de schistes ardoisiers dans lesquels abondent les Walchia, les fougères, les fossiles végétaux de l'époque permienne. J'ai cherché à m'assurer si dans l'Aveyron, il n'en serait pas ainsi. Près de la ferme du Bouis, à quelques kilomètres du village de Montagnol, j'ai retrouvé les ardoises que les habitants du pays savent exploiter pour leurs toitures. La teinte grise de ces ardoises, leurs reflets micacés, leur fissilité très-grande les font reconnaître immédiatement en l'absence des caractères paléontologiques. Il est probable que les Walchia se plaisaient moins dans l'Aveyron que dans les environs de Lodève, car nos ardoises sont à peu près dépourvues de fossiles végétaux. J'ai même douté longtemps qu'il y eût dans l'Aveyron des végétaux permiens ; mes premières recherches étaient restées infructueuses à cause de la rareté de ces fossiles et ce n'est qu'en compagnie de mon excellent confrère,

M. Paul de Rouville, que j'eus la chance heureuse de trouver pour la première fois des Calamites. Cette découverte assez insignifiante m'encouragea dans la voie des recherches; mais je ne retrouvai que des Calamites. Je fis ces trouvailles sur divers points, près des villages de Montagnol, de Sylvanès, de Saint-Ysaire, dans la région inférieure du terrain. Plus tard en cherchant dans les débris d'un tracé de route dans le bois de Saint-Félix, je mis la main sur quelques fougères de médiocre conservation; enfin près du village de Latour, une magnifique fougère se présenta à moi sur le bord de la route; ces dernières trouvailles furent faites dans les strates permiennes supérieures près du village de Latour et de Saint-Félix. J'en étais là de mes découvertes, lorsqu'un de mes meilleurs amis, M. Carrière, ingénieur civil, fut plus heureux que moi et découvrit un gisement nouveau de plantes permiennes; ce gisement était plus intéressant que tous ceux que j'avais vus, puisque je reconnus les Walchia que j'avais cherchés inutilement jusque-là.

En rapprochant mes recherches de celles de mon ami Carrière et en employant les moyens de détermination dont peut user un géologue de province qui ne s'occupe que secondairement de flore vivante et fossile, voici les déterminations que j'ai faites en réunissant tous les débris de végétaux :

Calamites leioderma. Gutb. Geinitz. Pl. XXV, fig. 3.
Calamites...?...
Walchia piniformis Schlot. Sp. Pl. XXIII, in Schlot.
Walchia filiciformis Schlot. Sp. XXII.
Odontopteris obtusifolia.
Cordaites Roeslerianus Geinitz. Pl. XXXV, fig. 5.

La présence des Walchia au sein des couches que je viens d'examiner ne laisse aucun doute sur l'âge des schistes rouges. Mais avant la découverte de ces fossiles, il n'en était pas ainsi, et avec mon excellent confrère, M. de Rouville, nous n'avions pas hésité à faire des grès bigarrés de tout cet ensemble de psammites (1). Dans un voyage géologique que je fis à Lodève, en compagnie de MM. Hebert, Marès et de Seyne, je soutins cette opinion et le savant professeur de la Sorbonne voulut bien me faire comprendre combien il était difficile de la maintenir. Depuis cette époque, je me suis convaincu d'une erreur que je m'empresse de confesser et dont l'évidence paraîtra plus grande quand il sera question du Trias. Je ne suis pas seul à avoir méconnu l'âge réel des schistes rouges de l'Aveyron puisque après M. Parran, je suis un des premiers à les ranger à leur véritable place. Le nom de Permien a été cependant déjà appliqué dans l'Aveyron à un système d'assises et on est en droit de se demander qui de mon devancier ou de moi a baptisé le terrain, je ne dirai pas avec le plus d'autorité mais avec le plus de vérité.

Dans la séance de la société géologique du 15 Janvier 1865, il a été présenté par M. Coquand une note sur le terrain permien de l'Aveyron. Cette note (2) montre la différence radicale qui existe entre le Permien de M. Coquand et le Permien tel que je le comprends. Pour mieux exprimer cette différence, je reprends l'étude de l'étage du Permien, et on verra un peu plus loin quelle est l'opinion qui est la mieux fondée.

(1) Reynès et de Rouville. Géologie de l'arrondissement de St-Affrique (Aveyron) et des parties limitrophes des départements de l'Aveyron et de l'Hérault. Montpellier 1858.

(2) Bulletin de la Société Géologique de France, tome XII, page 127.

L'étage Permien, suivant moi, est composé d'une série alternante de grès et d'argiles rouges feuilletées, nuancées de brun noirâtre, plus ou moins teintées en rouge suivant l'épaisseur des bancs et leur exposition à l'air. Ce mode de décomposition indique une communauté d'origine entre les assises compactes et les argiles, malgré leur différence de coloration. J'ai déjà dit que les bancs à texture compacte étaient plus abondants vers le bas que vers la partie supérieure de la formation dans laquelle les marnes prédominent ; cet ensemble de bancs et d'argile feuilletées en discordance avec les strates siluriennes et le Trias possède environ une épaisseur de six cents mètres. Dans l'arrondissement de Saint-Affrique, ce terrain s'étend depuis Camarès jusqu'à Broquiès et il est connu dans le pays sous le nom de terrain du Camarès ; il est limité par le terrain houiller, les schistes siluriens et les micaschistes du Levesou. Le terrain Permien apparaît dans la vallée de la Sorgue près du village de Latour ; il s'étend de là vers le bois de St-Félix où il se relie avec les assises de la vallée de Camarès.

En remontant la Sorgue, on voit les mêmes assises se prolonger jusqu'à Saint-Maurice, mais au-delà de ce village, elles sont recouvertes par le Trias et l'infralias. Je ne doute pas que le Permien n'existe sous les étages que je viens de citer et qu'il ne s'étende de manière à communiquer avec les couches de même âge de Ceilhes, Lodève, Clermont-l'Hérault et Neffiez. Ce terrain a dans l'Hérault les mêmes caractères pétrologiques et paléontologiques ; mais ce dernier caractère est mieux accusé. Il en est ainsi dans les diverses parties de l'Aveyron, et dans l'arrondissement d'Espalion, le Permien se montre avec le même faciès et suit presque parallèlement la rivière du Lot; cette bande s'unit près de Villecomtal et Marcillac avec le terrain Permien des environs de Rhodez. Enfin, un dernier lambeau se voit en remontant l'Aveyron dans les environs de Gages et de Laissac ; c'est ce lambeau que M. Coquand a décrit et sur lequel j'ai à appeler l'attention. Je n'ai pas visité la localité citée par ce géologue, mais à quelques kilomètres de là et sur le prolongement de mêmes couches, j'ai fait une coupe du village de Gaillac à Saint-Martin, près Saint-Giniez-rive-d'Olt et voici ce que j'ai vu : Infralias dolomitique, marnes irisées, Muschelkalk, grès bigarré, Permien (à l'état de schistes rouges comme dans tous les lieux cités plus haut). Cet étage bute par faille contre l'oolite inférieure près du village de Vimenet ; en se rendant de là au village de St-Martin, on redescend la série jusqu'au Lias. L'ensemble de ces faits est assez bien rendu sur la carte de France, seulement l'infralias et les marnes liasiques qui longent le village de Vimenet doivent être remplacés par le Grès bigarré et le Permien.

Voyons maintenant quelles sont les divisions de M. Coquand; ce savant divise le terrain Permien en trois parties : Permien inférieur (Conglomérats Poudingues et grès quartzeux, 10 mètres). Permien moyen (Schistes argilo-bitumineux, 10 mètres 60). Permien supérieur (alternance de calcaire noir et de schistes, 29 mètres 65).

Il est évident que ce Permien ressemble fort peu à celui que j'ai décrit dans l'Aveyron et à celui que M. Hébert a fait connaître dans les environs de Lodève et de Clermont-l'Hérault.

Je n'ai observé de conglomerats que dans le Trias,

quant aux calcaires noirs, je ne m'explique en aucune façon leur présence, n'ayant jamais pu constater la moindre trace de calcaire dans l'épaisseur de la série permienne. Dans les régions que j'ai explorées, il n'existe de calcaires noirs que dans les schistes siluriens ; mais leur position au-dessous du terrain houiller ne peut laisser de doute sur l'âge de cet ensemble de couches. Il pourrait aussi se faire que M. Coquand ait pris les masses compactes de psammites pour des calcaires ; c'est une explication que je donne sous toutes réserves, afin de rapprocher des terrains aussi différents. Dans tous les cas, cet auteur n'a pas reconnu comme permiennes les assises lie de vin si abondantes dans les environs de Rhodez et si voisines des points qu'il a décrits. L'épaisseur n'est pas de 50 mètres comme le pense M. Coquand, mais de plus de 500 mètres ; ce qui indique, dans tous les cas, que ce géologue n'a compris dans son Permien qu'une faible portion de cet étage, et qu'il ne l'a pas reconnu sous son faciès normal.

La différence profonde qui existe dans les modes de dépôt ne permet pas de reconnaître dans l'Aveyron les divisions qui ont été établies en Allemagne ; on peut bien admettre, à la rigueur, que les couches inférieures représentent le *Rothe todte liegende*, que les couches moyennes sont l'équivalent des *Kupferschiefer* et que les argiles supérieures deviennent synchroniques du *Zechstein* ; mais ce synchronisme, qui est vrai dans son ensemble, ne permet pas de délimiter avec précision cet étage, et on ne peut tracer dans l'Aveyron que des lignes arbitraires de démarcation.

On a constaté quelques traces de cuivre dans les assises permiennes inférieures ; les carbonates verts et bleus ont imprégné les schistes et il est fâcheux que ces *kupferschiefer* soient si bas placés et ne puissent se synchroniser avec leurs homologues d'Allemagne.

La physionomie si tranchée du Permien permet de le délimiter à grands traits ; la teinte vineuse, uniformément répandue dans tous les lieux où se montre cet étage, le fait reconnaître au premier abord et de fort loin. En outre, la stérilité qui accompagne les argiles toutes les fois qu'elles sont abondantes, en est un des caractères saillants ; malgré la culture, malgré le reboisement, presque partout apparaît la teinte vineuse, teinte qui contraste avec la couleur verte des prairies.

Il est difficile de préciser exactement l'épaisseur de l'étage permien. Evidemment elle est très-considérable et ne peut être inférieure à cinq ou six cents mètres, mais on ne saurait en prendre une mesure certaine, plusieurs failles et quelques soulèvements ou relèvements anticlinaux ayant dérangé les rapports des plans de stratification. On peut observer un soulèvement de cet ordre entre St-Ysaire et le Cambon ; les couches sont relevées sur les flancs opposés de la montagne et la ligne anticlinale est placée vers la partie supérieure, dans le voisinage du sommet.

TRIAS.

Le Trias, dans l'Aveyron, présente un développement complet, et on y trouve les trois termes de la formation parfaitement accusés : Grès bigarré à la base, Muschelkalk au milieu et Marnes irisées au sommet. Il importe d'autant plus d'assigner à chacun de ces étages triasiques des équivalents précis que déjà, dans l'Aveyron, le Permien avait été pris pour le Grès bigarré, erreur qui a été partagée par la plupart des géologues ; tout le Trias, dans cette hypothèse, devenait l'équivalent des marnes irisées ; quant au Muschelkalk, aucun géologue n'en a parlé, à l'exception de M. de Serres qui a donné ce nom à des roches qui n'en faisaient probablement pas partie. Il est donc indispensable de bien préciser la limite de ces divers étages et de démontrer que là où l'on a vu des grès infraliasiques ou du Keuper, il n'existait que la formation triasique mais à l'état complet.

GRÈS BIGARRÉ.

Au-dessus du Permien et en discordance, on voit un amas de galets quartzeux, tantôt désagrégés, tantôt agglomérés à l'état de poudingues, et en lits plus ou moins réguliers. Ce changement radical de composition et l'usure des galets indique le commencement brusque d'une autre époque, et cette assertion est bien justifiée par ce que nous voyons au-dessus ; en effet, aux galets succèdent des grès blanchâtres, tachés de rouille, à structure plus ou moins grossière, en bancs énormes, séparés par quelques petits lits d'argile rougeâtre ou verdâtre. Les grès ont une épaisseur très-variable suivant les lieux où on les examine ; parfois ils atteignent jusqu'à 30 mètres d'épaisseur, sans alternance d'argile, tandis que ailleurs certains lits n'ont au plus qu'un mètre d'épaisseur, et les argiles rouges ou vertes ne cessent d'alterner avec les bancs de grès.

C'est dans le Grès bigarré de Lodève qu'on a découvert

le Calamites arenaceus, et j'en ai recueilli plusieurs échantillons moi-même. Dans l'Aveyron, aucune découverte de ce genre n'est venue confirmer ce rapprochement, mais l'identité absolue de la roche, la continuité des mêmes bancs depuis Lodève jusque dans l'Aveyron et leur position identique, ne permettent pas d'émettre l'ombre d'un doute sur leur assimilation. M. Hugounenc a découvert des bivalves à la base des grès bigarrés de Lodève; mais leur mauvais état de conservation ne permet pas de les déterminer. Je ne dois pas oublier de mentionner les empreintes de pas de Labyrinthodon, découvertes par M. Hugounenc, et signalées par MM. de Rouville et Hébert. J'ai reconnu des traces de pas d'oiseaux (Ornithichnites) sur une plaque de grès qui fait aujourd'hui partie de ma collection.

Les grès ont une texture variable; ils sont souvent très-durs, quelquefois ils se désagrègent et forment de véritables carrières de sable. Les argiles qui sont intercalées dans l'épaisseur des grès bigarrés varient beaucoup en couleur, elles sont vertes, bleuâtres, rouges, en lits minces ou épais. Le Grès bigarré a de 40 à 50 mètres d'épaisseur; cet ensemble de grès et d'argiles dans lequel les grès prédominent est limité supérieurement par le Muschelkalk.

L'aspect blanchâtre saccharoïde des grès permet de reconnaître facilement l'étage inférieur du Trias; les limites de ce même étage sont des plus précises, car inférieurement on rencontre en discordance les schistes rouges permiens et supérieurement les calcaires jaunes du Muschelkalk.

MUSCHELKALK.

Cet étage devrait, dans l'Aveyron, s'appeler *calcaire non coquillier*, tellement les fossiles y sont rares. Il débute par une série de petits lits alternants de marnes et de calcaires marneux jaunâtres, dont l'ensemble atteint 3 à 4 mètres d'épaisseur; puis au-dessus une assise principale d'un calcaire jaunâtre celluleux, cloisonné, de 10 à 12 mètres. Ce calcaire qui ressemble entièrement aux cargneules des Alpes, prédomine exclusivement au niveau du Muschelkalk; mais on le rencontre associé ailleurs que dans cet étage; et dans le Grès bigarré et les Marnes irisées, on en rencontre quelques traces, qui indiquent le commencement et la fin de ce mode de dépôt, avant et après la formation principale. On ne saurait induire de cette uniformité de sédimentation que cet ensemble ne forme qu'un seul étage; il faut reconnaître cependant qu'ici, comme ailleurs, ces trois étages sont reliés par une connexité étroite; dans le Var, les marnes irisées ne sont guère formées que par des cargneules, mais en tous lieux elles sont associées avec les calcaires noirs compactes du Muschelkalk.

En désignant par l'expression si vraie de cargneules, les calcaires tuffacés jaunes du Trias de l'Aveyron et de la Provence, je ne fais que reproduire un rapprochement déjà établi par M. Favre (1) en 1859. Ce savant n'hésite pas à reconnaître l'identité pétrographique des calcaires tuffacés magnésiens de MM. Reynès et de Rouville, et des cargneules des Alpes. Mais en accordant à M. Favre le mérite d'avoir le premier reconnu ce caractère commun à des contrées éloignées, je dois ajouter qu'il a été trop loin en disant que nos cargneules sont gypsifères, et qu'elles sont placées à la partie supérieure des marnes irisées. Les car-

(1) Mémoire sur les terrains liasique et Keupérien de la Savoie, page 73. Genève 1859.

gneules de l'Aveyron sont au niveau du Muschelkalk, et ce n'est que bien rarement qu'on en voit quelque fragment dans les marnes irisées.

Les fossiles du Muschelkalk sont très-rares dans l'Aveyron; je n'ai vu que quelques exemplaires de l'Avicula socialis, recueillis par M. Argelliez dans les environs de Cruejouls; dans l'arrondissement de Saint-Affrique, il m'a été impossible, malgré les recherches les plus minutieuses, de rencontrer la moindre trace de corps organisé.

MARNES IRISÉES.

Aux calcaires caverneux du Muschelkalk succède une série de marnes bariolées de bleu, de vert et de rouge; ces couleurs variées justifient bien l'expression de marnes irisées qui a été appliquée à ce depôt; ces marnes, qui sont en stratification concordante avec le Grès bigarré et le Muschelkalk, ont une épaisseur de 60 mètres environ; le rouge domine beaucoup dans la répartition des couleurs, et ce caractère rapproche beaucoup cet étage du Permien; mais le bariolage incessant des assises ne permet pas de les méconnaître un seul instant, même à l'aide de ce seul caractère. Les marnes ne constituent pas à elles seules ce terrain, et elles sont remplacées par des grès; au-dessus du village de Lapeyre, on voit des bancs grésiques de plus de 30 mètres d'épaisseur, intercalés dans l'épaisseur des marnes irisées de manière à changer totalement la pétrographie habituelle de l'étage et si le Muschelkalk, par sa livrée jaune, ne venait trancher cette uniformité de sédimentation en remettant chaque couche en place, il serait impossible de se reconnaître dans ces alternances de grès et de marnes. Ces grès sont le véritable équivalent des grès du *Keuper* de la Souabe et du Wurtemberg.

Les gypses abondent dans les marnes irisées ; ils sont répandus dans plusieurs niveaux, et ne se sont rencontrés presque exclusivement que dans cet horizon. Il est vrai qu'on les a signalés dans le Grès bigarré ; mais ce fait est des plus rares. Je ne connais qu'une seule carrière exploitée dans les grès bigarrés, c'est celle de Saint-Vincent, à quelques kilomètres de Saint-Affrique, sur le chemin de Vaillausi ; le Muschelkalk qui forme falaise 30 m. plus haut, ne permet pas de mettre ce fait en doute.

Le gypse est toujours sous forme de petits cristaux aggrégés, variété connue sous le nom de gypse niviforme. La variété grenue est aussi fort commune. Le gypse a été rencontré sur toute l'étendue des marnes irisées, et il suffit d'en suivre le contour sur ma carte géologique de l'arrondissement de Saint-Affrique, pour savoir où on peut le chercher à coup sûr. Le sel marin n'a jamais été trouvé et il est à peu près certain qu'on n'en rencontrera jamais, vu que les sources qui prennent naissance dans ces terrains, et elles sont nombreuses, ne sont jamais salées.

Le Trias est donc formé de trois étages :

1° Grès bigarré :	grès et marnes bariolées,	40	mètres
2° Muschelkalk :	marnes et calcaires jaunes,	12	»
3° Marnes irisées :	marnes irisées et grès,	60	»

L'épaisseur totale du Trias est donc de 112 mètres environ ; on ne saurait assimiler au Grès vosgien les conglomérats quartzeux, ainsi que l'a fait M. Hébert. Ces quartzites roulés sont à la base du Trias et en forment le premier élément. Les bancs accidentels qu'ils renferment sont en concordance avec le Grès bigarré, et on ne peut les rattacher d'aucune façon à l'étage inférieur, avec lequel ils sont en discordance le plus souvent.

Parmi les strates qui limitent supérieurement le Keuper, je signalerai un banc d'argiles vertes compactes, dont l'aspect extérieur semble annoncer une composition calcaire ; il n'en est rien cependant, et l'absence de toute trace d'acide carbonique m'a forcé à renoncer à la dénomination de marne verte que j'avais employée primitivement pour désigner ces bancs ; leur épaisseur est de 5 à 6 mètres ; il est rare que la partie supérieure de cet étage en soit dépourvue. Il suffit même de voir ces argiles pour que l'on pressente la fin de l'étage ; quelques mètres au-dessus (10 à 15), l'Infralias en bancs et plaquettes calcaires, se montre invariablement.

En comparant le Trias et le Permien de l'Aveyron et de l'Hérault, on voit des deux côtés une série parallèle des mêmes roches. Je suis porté également à croire que les grès à teinte vineuse uniforme des environs de Toulon, et des diverses régions de la Provence appartiennent aussi au Permien; dans ce cas, le trias est limité par les poudingues quartzeux placés à la base des grès blanchâtres ; au-dessous de ces assises, tous les grès rouges qui ont été jusqu'ici désignés comme dans l'Aveyron, sous le nom de grès bigarré, cessent d'appartenir à cet étage pour se rattacher à l'étage Permien. Je ne doute pas que la découverte des Walchia ne vienne bientôt me donner raison en justifiant un rapprochement fondé uniquement sur les caractères pétrologiques.

Voici le parallélisme que l'on peut établir entre ces divers étages :

	St-AFFRIQUE (Aveyron.)	LODÈVE (Hérault.)	TOULON (Var.)	MAZAUGUES (Var.)	ALLAUCH PRÈS MARSEILLE (Bouches-du-Rhône.)
INFRALIAS.	Bancs et plaquettes calcaires. Je n'ai pas jusqu'à présent trouvé l'Avicula contorta.	Bancs et plaquettes calcaires. Avicula contorta à la base.	Bancs et plaquettes calcaires. Avicula contorta à la base.	Calcaires durs.	Calcaires en plaquettes.
MARNES IRISÉES.	Argiles colorées en bleu, vert, rouge ; alternances de Grès.	Argiles colorées en bleu, vert, rouge ; alternances de Grès.	Argiles et Cargneules.	Argiles et Cargneules.	Argiles et Cargneules.
MUSCHELKALK.	Cargneules.	Cargneules.	Calcaires durs et Cargneules.	Calcaires durs et Cargneules.	Calcaires durs et Cargneules.
GRÈS BIGARRÉ.	Grès blancs ; Quartzites à la base.	Grès blancs ; Quartzites à la base.	Grès blancs ; Quartzites à la base.	Grès blancs ; Quartzites à la base.	Grès blancs ; La base n'est pas visible.
PERMIEN.	Grès rouges.	Grès rouges.	Grès rouges.	Grès rouges.	?

Je ne puis m'appuyer sur aucun fait paléontologique (à l'exception du Muschelkalk) pour confirmer un rapprochement qui paraît si évident ; je crois, cependant, que dans un cas spécial comme celui-ci, lorsqu'on peut établir un parallélisme complet dans l'ordre de succession des roches, les caractères pétrologiques sont suffisants ; aussi ai-je la certitude qu'en consultant le tableau ci-contre personne n'hésitera à séparer de la formation triasique tous les grès rouges des environs de Toulon pour les réunir à l'étage permien et à borner le Trias aux poudingues quartzeux qui dans l'Aveyron forment la limite inférieure de cet étage. En adoptant ce mode de division dans le Var et dans l'Aveyron, on trouve une identité presque complète dans la succession des diverses roches déposées aux diverses époques de la formation de la croute terrestre.

LIAS.

Sous le nom de Lias, je comprends toute la série de calcaires et de marnes, qui s'étendent depuis la cessation des Marnes irisées jusqu'aux calcaires de l'Oolithe. Les caractères pétrologiques limitent de la manière la plus tranchée la formation liasique ; dès que les calcaires apparaissent, on pressent un autre ordre de choses, et si l'étimologie que l'on a donnée du mot Lias est vraie (Couche, Layer), elle convient bien à l'ensemble des strates désignées sous ce nom ; les alternances de calcaires et de marnes, les puissantes masses de schistes, donnent à ce terrain une apparence rubannée; ce caractère que Conybeare et Phillips avaient déjà signalé en Angleterre, il y a trente ans, convient non-seulement au Lias de l'Aveyron, mais s'applique strictement à cette formation dans la plupart des contrées.

Le *Bone bed*, malgré les analogies de forme avec le Trias, est le premier échelon de la formation liasique ; la zône à A. opalinus en est le dernier terme. Les diverses zônes fossilifères que j'ai été appelé à admettre d'après les études que j'ai fait en différentes localités, sont au nombre de douze : 1° zône à Avicula contorta (bone bed); 2° zône à A. planorbis; 3° zône à A. angulatus; 4° zône à A. Bucklandi (calcaire à arietes, Arieten Kalk); 5° zône à A. obtusus; 6° zône à A. oxynotus et raricostatus et zône à A. armatus.

Lias moyen. 7° zône à A. fimbriatus; 8° zône à A. margaritatus.

Lias supérieur. 9° zône à A. serpentinus (Schistes à Possidonia Bronnii, Possidinien Schiefer); 10° zône à A. bifrons; 11° zône à A. jurensis ; 12° zône à A. opalinus.

Lias inférieur, cinq divisions.

Lias moyen, trois divisions.

Lias supérieur, quatre divisions.

Le lias inférieur est dans presque tous les pays constitué par des assises calcaires, et a reçu le nom de Lias blanc ou Lias bleu (White Lias, blue Lias), à cause de la coloration de la roche ; le caractère généralement marneux du Lias moyen le fait désigner sous le nom de Marlstone ; les noms de Upper marles, alum shale, upper Lias, Lias supérieur, ont été donnés aux schistes à possidonies, et aux marnes qui les recouvrent jusqu'aux calcaires de l'oolithe. Je ne crois pas utile d'apporter une modification à la division du Lias en trois étages; quoique cette classification soit généralement acceptée, il faut reconnaître cependant qu'elle est totalement arbitraire ; mais je crois que détacher une zône d'un groupe pour la joindre à un autre, ce n'est pas faire avancer la science d'un pas ; l'intérêt réel est de feuilleter chacun de ces terrains ou de ces divisions adoptées, de fouiller dans chaque zône et de savoir quels sont les êtres qui correspondent à tel échelon stratigraphique, quels sont ceux qui restent dans un horizon déterminé et ceux qui passent dans un horizon supérieur, quels sont ceux qui ont précédé et ceux qui suivent la station principale d'habitation de telle ou telle espèce.

Ma profession de foi établie, je reviens à mon sujet. Au point de vue pétrographique, le groupe liasique de l'Aveyron se divise en calcaires et en marnes ; les calcaires occupent la partie inférieure, les marnes la partie supérieure. Les calcaires comprennent l'Infralias, le Lias inférieur et une partie du Lias moyen (zône à A. fimbriatus, Bèchei). Les marnes comprennent la zône à A. margaritatus et tout le Lias supérieur. Étudions successivement chaque étage.

INFRALIAS.

Tout d'abord il convient de rechercher la zône à Avicula contorta dans les premières assises de l'Infralias, et je dois dire que je n'y ai pas plaint ma peine; mais jusqu'à présent le succès n'a pas répondu à mes désirs ; le professeur de Rouville a été plus heureux que moi, et dans les environs de Lodève il a rencontré ce fossile qui limite conventionnellement la série jurassique; mais à défaut d'avicule, on peut établir des rapports stratigraphiques, et il résulte de ce rapprochement que la limite inférieure de l'étage liasique ne saurait dépasser la limite des calcaires. Que deviennent maintenant les grès infraliasiques des auteurs de la carte géologique de France? Des grès inférieurs au Lias, mais appartenant à la série triasique. Comment se fait-il qu'une erreur aussi capitale ait été partagée par des géologues aussi habiles et qu'elle ait été généralisée dans tout le midi de la France? c'est qu'en France et ailleurs on est disposé à suivre les hommes de génie même dans leurs erreurs; on croit aux prophètes de la science, et il n'est pas toujours facile de porter atteinte à leur infaillibité.

Ce n'est pas seulement dans l'Hérault que la zône à A. contorta a été reconnue; dans plusieurs contrées limitrophes ou voisines de celle que nous étudions, ce précieux fossile a été découvert. Cette zône a été l'objet des recherches de M. Magnan (1) dans l'Aude et voici ses propres paroles: « J'ai découvert dans des calcaires en petites « couches et en plaquettes, au-dessus des marnes irisées, « à l'ouest de Boutenac, dans les basses Corbières (le « Pradel, ruisseau de Barrylongue) et près du roc de « Roucan, au nord-ouest de Cazouls-les-Béziers, la zône « à Avicula contorta, ce qui me permet de faire rentrer « dans le Trias les puissantes dolomies avec marnes gyp- « seuses et les grès inférieurs que MM. d'Archiac et « Noguès, à l'exemple des savants auteurs de la Carte « géologique de France, rangeaient dans le Lias. »

Il me suffit de rappeler les travaux de MM. Coquand et

(1) Bulletin de la Société Géologique de France, tome XXIV, page 723.

Dieulefait sur la Provence pour démontrer que là aussi la zône à Avicula contorta existe en plaquettes calcaires ; dans le bassin du Rhône M. Dumortier a cependant rencontré cette zône dans des bancs grésiques ; mais les caractères des roches peuvent s'altérer en s'éloignant du bassin, qui est l'objet de cette étude.

L'infralias comprend tous les calcaires qui s'étendent depuis le Lias inférieur jusqu'aux premières marnes bariolées du Trias ; il consiste en lits ou en bancs calcaires marneux se débitant en fragments plus ou moins polyédriques. Ce mode de division et la teinte ochreuse de la surface, le font reconnaître de loin et le distinguent minéralogiquement des calcaires de l'Oolithe et du Lias moyen. Cet étage n'a pas moins de 100 m. de puissance, et les escarpements qu'il forme par suite de la dureté des assises, permettent d'en prendre facilement la mesure. L'aspect rougeâtre de la roche et ses formes abruptes à cassure polyédrique lui donnent l'apparence d'anciennes ruines et de vieilles fortifications.

A part quelques fragments de Polypiers et de Turritelles, je n'ai jamais eu l'occasion de rencontrer des fossiles dans ces calcaires ; mais quoique dépourvus de fossiles ils n'en représentent pas moins dans l'Aveyron les zônes à A. planorbis et à A. angulatus. Peut-être on m'accusera de témérité en rapportant à l'Infralias les calcaires ruiniformes de l'Aveyron et des environs de Lodève ; leur position entre des couches renfermant les espèces du Lias inférieur d'une part et la zône à Avicula contorta de l'autre, ne me permet pas de leur assigner un autre équivalent, puisque dans les pays fossilifères, on ne rencontre entre ces deux horizons que les zônes à A. planorbis et A. angulatus. Cette déduction si naturelle vient d'être justifiée par une récente découverte. Mon excellent ami, M. Charles Laforêt, a observé ces deux zônes fossilifères dans l'Ardèche, à Mercuer, près Aubenas ; il a rapporté de cette localité l'A. planorbis Sow. sous ses deux états, lisse et plissée, et l'A. liasicus d'Orb., qui est le compagnon infraliasique habituel de l'A. angulatus. La paléontologie peut donc être invoquée dans la solution de ce problème : dans quelles roches rencontre-t-on ces fossiles et quel rang leur assigner dans la série du Lias? L'A. planorbis a été recueilli dans un calcaire argileux, noirâtre, et l'A. liasicus dans un calcaire blanchâtre, et ces deux systèmes de couches sont inférieurs de beaucoup au Lias moyen de ces mêmes contrées si facile à reconnaître par les nombreux brachiopodes qui s'y rencontrent ; d'autre part, on voit au-dessous les grès triasiques dans l'état qui leur est habituel dans le midi de la France. Ai-je raison maintenant de mettre à néant les grès infraliasiques? Ce fait ne peut plus être contesté. J'aurais plus tôt compris que les grès d'Hettange fussent considérés comme le prolongement de l'état de choses triasiques ; car, sauf les fossiles, les mêmes roches ont continué à se déposer et les calcaires n'apparaissent subitement en masses compactes que dans le Lias inférieur (zône à A. multicostatus Sow.). Mais dans le midi de la France il n'en est pas ainsi, et on ne voit que des grès, des cargneules, des marnes irisées et des gypses dans la période triasique ; par contre, les calcaires sous les formes les plus variées et les marnes sans couleur ou plutôt à teinte sombre envahissent exclusivement les mers jurassiques.

Je puis en outre m'appuyer sur l'autorité de deux savants recommandables, MM. Hébert et Dumortier. M. Hébert, dont j'ai déjà réclamé l'appui à propos du Permien, vient encore me prêter ici son concours dans une question où j'ai contre moi les sommités de la science ; cet observateur (1) n'a pas hésité à rattacher à l'Infralias les calcaires à Ammonites (A. Bernexi, Reynès) dont la position est identique aux calcaires infraliasiques de l'Aveyron.

En cherchant à préciser la limite exacte du Lias et du Trias, ce savant professeur a rapporté à ce dernier étage toutes les Strates gypseuses, mais il en a séparé une série de grès placés sous les calcaires de l'infralias et supérieurs au terrain à gypse ; ces grès, dans les environs de Villefort (hameau de Balmeles), n'auraient pas moins de 20 à 25 mètres. Les considérations qu'invoque M. Hébert s'appuient sur le passage transgressif de ces grès avec les granits, passage qui n'a pu se faire que par un mouvement du sol et qui ne s'est produit qu'à la fin de la formation triasique. On peut admettre généralement que les oscillations, qui ont imprimé aux terrains les discordances, ont eu lieu à la fin des périodes et non pendant leur durée, et la généralisation de ce fait peut même être élevée à l'état de principe ; mais pour que ce principe soit invoqué avec autorité, il faut qu'il soit accompagné de toutes les circonstances d'âge et de lieu, c'est-à-dire que les caractères fournis par la pétrologie, la paléontologie et tirés du synchronisme ne viennent pas en démentir l'application. Aussi que d'exceptions nombreuses ! Et en effet, si on admet que les discordances et mouvements de terrains se sont produits à la séparation des étages dans le plus grand nombre des cas, il faut aussi convenir que bien souvent il n'existe

(1) Bulletin de la Société Géologique de France, tome XVI, page 905.

pas de discordance entre deux étages consécutifs et que des phénomènes de même ordre se sont produits pendant la durée sédimentaire d'un même étage ; c'est ainsi que la partie supérieure du Lias moyen de l'Aveyron (zône à A. margaritatus) repose au Clapier transgressivement sur l'Infralias, et la zône intermédiaire caractérisée par les Ammonites Henleyi, Bechei, fimbriatus, etc.) manque totalement. Pourrions-nous, d'après ce fait, séparer complétement ces deux faunes et les considérer comme appartenant à des étages distincts ? N'avons-nous pas dans les mers actuelles des exemples de bouleversements brusques entraînant avec eux des dérangements de strates de manière à mettre en discordance les couches d'hier et celles d'aujourd'hui ? Et cependant nous ne saurions nier malgré la discordance, que ces couches appartiennent à une même mer. Aussi je crois que pour séparer du Trias des grès qui ont tant d'analogie avec ceux qui se sont déposés précédemment, il faut attendre que la paléontologie vienne nous aider de ses lumières.

Trouverait-on même l'Avicula contorta que le problème resterait indécis, et qu'on ne saurait tracer une ligne absolue de démarcation entre cette zône et le Trias, car d'une zône à une autre, il existe toujours des espèces communes mais variant en nombre suivant les contrées. Ainsi le rapport numérique des passages spécifiques n'est pas constant ; il en résulte que bien que dans tel pays les rapports d'une zône déterminée avec celle qui lui est supérieure soient plus considérables que ceux qui existent entre cette zône déterminée et la zône immédiatement au-dessous, il ne s'ensuit pas qu'il en soit ainsi nécessairement partout et qu'on ne puisse observer même le fait inverse.

Pouvons-nous trouver surprenant après cela de voir la zône à Avicula contorta rangée par les géologues Allemands dans le Trias et par les Français MM. Martin, Hébert, etc., dans le Lias? Cette zône, servant d'intermédiaire entre le Trias et le Lias, participe aux caractères des deux époques, analogie de sédimentation et analogies de faune et de flore. Ne voyons-nous pas surgir la même difficulté lorsqu'il s'agit de zônes placées dans les mêmes circonstances? Quelle est la limite du Lias supérieur? Les Allemands séparent de cet étage la zône à A. opalinus, pour la réunir à l'Oolite inférieur, dont elle devient la base et nous, géologues français, nous limitons le Lias à cette même zône. Toutes ces discussions sont engendrées par l'idée que l'on se fait ordinairement de l'étage ; on pense en général que les étages sont entièrement distincts, que la faune, la flore, la nature des dépôts, la direction des couches, tout doit changer à la fois avec le changement d'étage. Ne jetons pas la science sur un lit de Procuste, en voulant trop généraliser. Il est certain que les mêmes phénomènes ne se sont pas produits en même temps dans tous les pays ; pendant qu'un soulèvement bouleversait une contrée, la plus grande tranquillité régnait dans une autre ; pendant que deux faunes se succédaient dans un pays, le même régime continuait ailleurs et on ne peut trouver comme résultat de cet état de choses qu'une seule faune. Les étages doivent être considérés comme des groupes arbitraires comprenant les zônes qui ont le plus d'affinités entre elles. Une fois un étage établi par l'union d'un ensemble de zônes que l'on est convenu d'y comprendre, on n'entre plus dans la discussion oiseuse de rapports qu'il fallait adopter en principe et qui ne sont pas scindés par une division artificielle.

M. Dumortier (1) n'a pas hésité à rattacher à l'Infralias les calcaires à A. planorbis des environs de Lyon et d'Aubenas, et les couches à A. angulatus du Mont d'Or Lyonnais, du Gard et de l'Ardèche. M. Dumortier comprend aussi par définition la zône à A. planorbis dans l'Infralias, bien qu'il reconnaisse que dans la Bourgogne il y ait des affinités de faune avec le Trias.

LIAS INFÉRIEUR.

La partie supérieure des bancs calcaires renferme quelques fossiles du Lias inférieur (Spirifer Walcotii, Lima gigantea), mais on ne saurait établir une ligne de démarcation entre ces calcaires et ceux qui sont au-dessous. La seule distinction facile à observer c'est que les calcaires du Lias inférieur sont d'une teinte bleuâtre, tandis que ceux de l'Infralias sont blancs; il n'y a donc pas possibilité de délimiter nettement l'Infralias et le Lias inférieur. Nous verrons plus loin que la limite supérieure du Lias inférieur et du Lias moyen n'est pas mieux tranchée; l'abondance des fossiles dans ce dernier étage permet de grouper la majeure partie des strates avec une grande sûreté; ce n'est que dans les dernières assises que le doute commence et on ne sait où placer le plan de séparation de chacun de ces étages.

Il est heureux que les rares espèces rencontrées dans la partie supérieure de ce vaste système de calcaire m'aient permis d'assigner à cette partie un équivalent. M. Argelliez

(1) Etudes paléontologiques sur les dépôts jurassiques du bassin du Rhône (Paris 1864).

a recueilli dans ces mêmes assises une ammonite du groupe des ariètes ; il n'a pu me fixer d'une manière plus précise sur l'espèce et l'horizon dans lequel il l'avait découverte.

On a lieu de s'étonner de la rareté des fossiles dans le Lias inférieur et l'Infralias de l'Aveyron ; les étages s'étant déposés dans un golfe fermé, les Céphalopodes auraient dû y pulluler ; cette absence peut s'expliquer, je crois, par la présence des dolomies. En effet pour que ces roches se soient déposées à l'état sédimentaire, il a fallu que des sources magnésiennes vinssent leur fournir la magnésie nécessaire à leur composition. Il n'est pas surprenant, une fois ce fait établi, de voir les habitants de ces anciennes mers fuir un milieu qui était impropre à leur existence ?

L'étude que je viens de faire du Lias inférieur et de l'Infralias de l'Aveyron est encore fort incomplète ; espérons que des recherches nouvelles apporteront plus tard plus de précision dans la limite de ces deux étages et que nous sortirons ainsi du domaine des rapprochements et des hypothèses, seul moyen d'investigation qui soit à notre disposition aujourd'hui.

LIAS MOYEN.

Les éléments constitutifs du Lias moyen sont formés ordinairement de deux sortes de roches : les calcaires et les marnes. Les calcaires (zône à A. fimbriatus) occupent la base de l'étage tandis que les marnes (zône à A. margaritatus et spinatus) se trouvent toujours placées à la partie supérieure ; étudions successivement ces deux zônes.

Zône à A. fimbriatus. Au-dessus des bancs calcaires polyédriques de l'Infralias s'étendent des bancs alternatifs de calcaires et de marnes ; ces dépôts calcaires et alumineux passent de l'un à l'autre par des transitions insensibles ; la surface des calcaires se désagrège, devient de plus en plus alumineuse et finalement le calcaire se transforme à l'état de marne ; ces deux sortes de roches ne forment pas des bancs réguliers, quelquefois les calcaires revêtent la forme des lentilles et sont complétement enclavés dans les couches argileuses, quelquefois aussi les parois de la roche se rapprochent et les argiles augmentent d'épaisseur aux dépens des autres sédiments. Les calcaires sont compactes, durs et résistants ; ils sont généralement teints en bleu ; leur composition est loin d'être uniforme, et ce fait résulte des modifications qu'ils subissent dans leur transformation ; cependant il est certains bancs, surtout à la base de l'étage, dont les éléments paraissent plus constants et qui ne renferment pas de marnes.

On remarque généralement que les calcaires très-abondants et déposés à l'exclusion de toute autre roche au niveau de l'Infralias, commencent à alterner avec des lits de marnes dans la zône à A. fimbriatus, se chargent de plus en plus de marnes vers la partie de cette même zône et cessent complétement au niveau de l'A. margaritatus pour céder leur place aux marnes jusqu'aux dernières assises du Lias. Ce n'est que dans l'Oolithe inférieure (zône d'A. Murchisonæ) que les sédiments calcaires commencent à se montrer de nouveau et à former les dépôts presque uniques de la mer oolitique.

Cette zône du Lias moyen renferme de nombreux fossiles et c'est à leur présence que l'on doit la possibilité de reconnaître l'âge réel de ces roches dont la composition est si voisine de celles qui les ont précédées.

Belemnites brevis, Blainville... Lauras.
Nautilus intermedius, Sowerby. Lauras, Thiergues.
» striatus, Sowerby...... Lauras, Saint-Jean d'Alcapies.
Ammonites Henleyi, Sowerby. Saint-Jean d'Alcapies.
» Bechei, Sowerby.... Lauras, Bosc, St-Jean d'Alcapies, Laissac.
» Jamesoni, Sowerby... Lauras.
» striatus, Reinecke. Sp. Lauras, Thiergues, Laissac.
» fimbriatus, Sowerby.. Saint-Georges, Thiergues, Lauras, Laissac.
» Davæi, Sowerby..... Rivière.
» laurasensis, Reynès.. Lauras.
» Maugenesti, d'Orbigny. St-Jean d'Alcapies.
» margaritatus, Montfort. St-Jean d'Alcapies.
Pleurotomaria multicincta, Schübler. Sp. in Zieten... Lauras.
Pholadomya ambigua, Sowerby. Thiergues, Cabanous.
» Urania, d'Orbigny.... Thiergues, Cabanous.
» decorata, Quenstedt. .. Lauras.
Monotis interlævigata, Quenstedt........... Rivière.
Unicardium Janthe, d'Orbigny. Thiergues, Lauras,
Mytilus scalprum, d'Orbigny. Thiergues.
Inoceramus ventricosus, d'Orbigny......... Thiergues, Crassous.
» amigdaloïdes, Goldfuss. Thiergues.
Pecten acuticosta, Lamarck.. Lauras, Thiergues.
» disciformis, Schübler.. Lauras.
» texturatus, d'Orbigny.. Lauras.
» velatus, Goldfuss..... Rivière.

Lima punctata, Sowerby... Crassous.
» punctata var. liasina... Crassous.
Ostrea cymbium, Lamarck.. Thiergues, Lauras.
Terebratula subpunctata, Davidson............ Thiergues Lauras.
» numismalis, Lamarck.. Thiergues.
» sarthacencis, d'Orbigny. Thiergues, Rivière.
Rhynchonella curviceps, Quenstedt......... Thiergues, Rivière.
» acuta, Sowerby. Sp... Rivière.
» furcillata, Theodori. Sp. Rivière.
» variabilis, Schlotheim. Sp. Rivière.
Spiriferina pinguis, Zieten. Sp. Rivière.
» oxygona, Deslongchamps........... Rivière.
» rostrata, Schlotheim. Sp.............. Rivière.
Pygaster Reynesi, Desor... Crassous.

Les espèces que je viens d'énumérer ne sont pas exclusives à l'Aveyron; elles se montrent à peu près partout dans la zône à A. fimbriatus, et, à part de rares exceptions, il n'en est aucune qui remonte dans les horizons supérieurs; je dois signaler cependant le Pecten texturatus qui, d'après d'Orbigny, appartient au Lias supérieur (Toarcien) et l'A. margaritatus dont l'horizon principal est immédiatement supérieur à celui-ci et que j'ai rencontré une fois associé à l'A. fimbriatus. On ne peut établir par conséquent aucune espèce d'affinité zoologique entre cette zône et la suivante et il n'existe presque pas d'espèces communes. Il est fort difficile de délimiter la zône à A. fimbriatus et le Lias inférieur; la similitude des calcaires de ces deux zônes en stratification concordante et l'absence à peu près complète de fossiles dans les assises contiguës du Lias moyen et de l'Infralias rendent cette limite inférieure fort incertaine. Il n'en est pas ainsi supérieurement par suite du changement pétrologique qui s'est produit à la séparation des deux zônes en question ; aux calcaires de la zône à A. fimbriatus, succèdent les marnes de la zône à A. margaritatus et à spinatus ; rien de plus simple que d'arrêter cette zône à la cessation des calcaires, changement qui coïncide toujours avec la transformation de la faune.

L'épaisseur de la zône à A. fimbriatus est de 10 à 15 mètres. Les calcaires du Lias moyen se montrent dans l'arrondissement de Saint-Affrique et de Milhau, où ils prennent un grand développement; on les voit aussi dans les environs de Saint-Geniez-rive-d'Olt, avec de nombreux fossiles; leur extention géographique n'est pas très-considérable dans l'arrondissement d'Espalion. Dans les environs de Villefranche on rencontre aussi les calcaires du Lias moyen.

Les points les plus intéressants à visiter sous le rapport paléontologique, sont Lauras, Thiergues, Saint-Jean d'Alcapiès, Bosc, dans l'arrondissement de Saint-Affrique; Rivière, dans l'arrondissement de Milhau ; Laissac, près Rhodez.

Dans la Souabe et le Wurtemberg, en Angleterre, dans la Bourgogne, on voit sous la zône que je viens d'étudier d'autres zônes appartenant au Lias moyen et caractérisées par l'A. Jamesoni, A. Valdani, A. Maugenestii, etc., mais la répartition des fossiles ne paraît pas la même dans l'Aveyron, et j'ai signalé l'A. Maugenesti au niveau des Am. fimbriatus et Bechei ; je dois ajouter cependant que dans le ravin de Lauras et inférieurement aux assises à A. Bechei et fimbriatus, j'ai recueilli une Ammonite voisine de l'A. Jamesoni mais plus comprimée et dont les côtes se rencontrant sur le dos forment dans cette région une sorte de chevron en saillie ; je n'ai pas jusqu'ici osé assimiler cet échantillon à l'espèce connue sous le nom de Jamesoni ; serait-ce une variété locale ? Dans ce cas, cette zône existerait dans l'Aveyron mais presque toujours masquée dans ses affleurements par la culture et à peine reconnaissable à cause de ses caractères mal accusés.

Zône à A. margaritatus. Cette zône se montre en stratification concordante avec la précédente, mais ici les marnes remplacent le plus souvent les calcaires. Ces marnes sont noires et argileuses ; elles se désagrègent avec une très-grande facilité ; les fossiles y sont très-abondants et à part un seul échantillon de l'A. margaritatus, je ne connais aucune espèce commune avec la faune de l'horizon précédent. On ne peut assigner une épaisseur bien fixe à cette portion du Lias moyen ; au Clapier, cette zône ne dépasse pas 4 mètres en épaisseur ; à Bosc, elle a 15 mètres ; à St-Paul et à Lauras elle dépasse 30 mètres. Ces variations dans l'épaisseur produisent de grandes différences dans la richesse de la faune ; dans les localités où l'épaisseur est faible, les marnes sont criblées de fossiles ; là, au contraire, où l'épaisseur est considérable, il faut parcourir de nombreuses falaises pour recueillir quelques échantillons, les marnes n'en renfermant presque pas ; c'est dans ces marnes que j'ai découvert plusieurs espèces propres jusqu'ici au Lias des Alpes et voici l'ensemble de cette faune :

Belemnites elongatus, Miller.	St-Paul, Bosc, St-Jean d'Alcapies.
» niger, Miller.	Bosc, St-Jean d'Alcapies, Le Clapier, Lauras, St-Paul.
» breviformis, Voltz.	Bosc.
Nautilus	St-Jean-d'Alcapies.
Ammonites margaritatus, Montfort. Sp.	Clapier, Bosc, Tournemire, Rivière, Sévérac-le-Château.
» spinatus, Bruguière..	Clapier, Bosc, Tournemire.
» mimatensis, d'Orbigny	Clapier, Bosc, Tournemire, Rivière.
» Ægion, d'Orbigny...	Bosc.
» Ragazzonii, Hauer...	Clapier, Bosc, St-Paul.
» acanthoïdes, Reynès..	Bosc.
» pseudoradians, Reynès.	Bosc.
» Nilssoni, Hébert (Calypso d'Orb.)........	Bosc, Clapier.
» Algovianus, Oppel...	Mende.
» Alberti, Reynès (Oppeli Reynès).	Bosc.
» Heberti, Reynès....	Bosc, Rivière.
» ruthenensis, Reynès.	Bosc, le Clapier, Rivière.
» Partschi, Stur......	Bosc.
» boscensis, Reynès...	Bosc, Rivière.
» Loscombi, Sowerby.	Bosc.
» Kurrianus, Oppel...	Bosc.
» instabilis, Reynès...	Rivière.
» Fieldingi, Reynès...	Rivière.
» planispira, Reynès..	Rivière.
» disciformis, Reynès..	Bosc.
» frondosus, Reynès...	Bosc.

Ammonites Coquandi, Reynès. Bosc.
» Maresi, Reynès..... Bosc.
» Spinellii, Hauer..... Bosc.
» lineatus, Quenstedt.. Bosc. Rivière.
» globosus, Zieten.... Bosc, Rivière.
» Phillipsi, Hauer.... Rivière.
» Woodwardi, Reynès. Bosc.
Turritella Zieteni, Quenstedt. Bosc.
Chemnitzia undulata, Benz in Zieten. Lauras.
Pleurotomaria expansa,
Sowerby...... Tournemire, St-Paul, Bosc.
» Amalthei, Quenstedt. Bosc.
Turbo Dunkeri, Goldfuss... Lauras, Tournemire, Bosc.
Trochus, imbricatus, Sowerby. Rivière.
Pholadomya Heberti, Reynès. Lauras.
Nucula Palmæ, Sowerby.. Bosc, Thiergues, Tournemire
» Bruni Reynès. Bosc, Thiergues.
» complanata, Phillips. Bosc, Thiergues, St-Paul.
» variabilis, Zieten.... Bosc.
» acuminata, v. Buch. Bosc.
Venus bombax, Quenstedt.. Bosc, Thiergues.
Arca strigillata, Münster in Goldfuss. Bosc, Dourdou.
» Sauvairei, Reynès... Bosc.
Cucullæa Munsteri, Godlfuss. Thiergues, Bosc.
Avicula cygnipes, Phillips. Rivière, Lauras.
Cardium cucullatum, Goldfuss. Rivière, Bosc.
Plicatula Parkinsoni, Deslongchamps.. Bosc, le Clapier.
» pectinoïdes, Lamarck. Sp. St-Paul.
Pecten æquivalvis, Sowerby. Bosc, Lauras, St-Paul.
Lima Hermanni, Goldfuss.. Bosc, St-Jean, Severac-le-Château.

Ostrea Macculochii, Soverby. Sp. Lauras, Rivière.
Terebratula ruthenensis, Reynès. Bosc.
» perforata, Piette... Bosc.
» Heyseana, Deslongchamps. Bosc.
Rhynchonella, boscensis,
Reynès........ Bosc, Tournemire.
» liasica, Reynès..... Bosc.
» rimosa, v. Buch.... Bosc.
Spirifer verrucosus, v. Buch. Bosc.
» rostratus, Schlotheim. Sp. Bosc.
Diademopsis Cotteaui, Reynès. Bosc, Tournemire.
Eugeniocrinus Rivière, Lauras.
Pentacrinus basaltiformis, Miller. Dourdou, Rivière, Lauras, Bosc.

J'ai dit que le plus souvent cette zône était marneuse ; c'est en effet ainsi qu'elle se présente ordinairement ; cependant j'ai constaté près de Séverac-le-Château une modification complète des caractères pétrologiques ; dans cette localité les calcaires ont continué à se déposer et ce n'est qu'au niveau des *Schistes à Possidonies* qu'ils cessent pour être remplacés par l'élément marneux. Ces calcaires sont en plaquettes et semblables à ceux du Lias moyen; mais ici les ammonites sont moins abondantes et on rencontre des acéphales (Pecten, Lima) en plus grand nombre.

Les fossiles des marnes liasiques moyennes ne sont pas uniformément répartis dans toute la hauteur des strates ; les uns ne se rencontrent que dans la région inférieure, d'autres dans la région moyenne et enfin certaines espèces n'appartiennent qu'aux strates les plus élevées. Afin de mieux préciser la station de chaque fossile, je diviserai la zône A. margaritatus en trois régions par ordre ascendant :

Zône	Région	Espèces
Zône a A. margaritatus.	Région de l'A. spinatus.	Ammonites margaritatus, A. spinatus, Nucula acuminata, N. Bruni, Terebratula boscensis, Spirifer rostratus.
	Région de l'A. margaritatus, etc.	Belemnites niger, B. compressus, Ammonites margaritatus, A. Ragazzonii (rare), A. boscensis, A. Ruthenensis, A. Nilssoni, A. Woodwardi, A. lineatus, A. Kurrianus, A. Spinellii, A. Heberti, A. mimatensis, A. Phillipsi, A. Alberti.
	Région de l'A. Ragazzonii.	Ammonites margaritatus, , A. Ragazzonii, A. frondosus, A. mimatensis d'Orb.

Cette faune remarquable a de nombreux représentants dans le Lias de la province de Brescia ; les espèces communes à l'Aveyron et à cette localité aujourd'hui italienne et si bien décrite par M. de Hauer (1) sont les suivantes :

A. Phillipsi Sow. in Hauer, A. Ragazzonii Hauer, A. frondosus Reynès, (Heterophyllus in Hauer), A. Partschi Stur, A. mimatensis d'Orbigny, A. margaritatus Montfort, A. pseudoradians Reynès (radians Reinecke. Sp. in Hauer), A. Maresi Reynès (crassus in Hauer), A. spinelli Hauer.

Il n'est pas douteux que les strates à Ammonites de la province de Brescia ne soient l'équivalent du Lias moyen de l'Aveyron. Il est vrai que les espèces énumérées dans l'ouvrage de M. de Hauer sont accompagnées de quel-

(1) Hauer. Ueber die Ammoniten aus dem Sogenannten Medelo der Berge Domaro und Guglielmo im Val di Trompia, provinz Brescia. Wien.

ques autres dont la station est inférieure à celle dont il est question ici. Telles sont les Ammonites Taylori et pettos, qui en Angleterre et dans le Wurtemberg, etc., occupent la base du Lias moyen; mais il est probable, comme l'a déjà dit Oppel, que les diverses espèces citées plus haut sont parquées dans des niveaux différents; s'il en est ainsi, le rapprochement que j'établis ici serait encore plus intime puisqu'il ne s'agirait plus de la concordance d'une zône mais de l'identité complète de tout un étage.

Il est fâcheux que dans les auteurs italiens nous ne trouvions pas des données positives à l'égard des étages et de leurs divisions en zônes. Jusqu'à présent soit difficulté ou impossibilité de scinder les masses sédimentaires, on ne rencontre dans les ouvrages des divers géologues qui ont trait à l'Italie que les expressions vagues de *jurassique*, *crétacé*, *Lias*, *Trias*, etc. Quelquefois même ces expressions, malgré toute l'élasticité qu'elles comportent, ne sont pas d'une rigoureuse application. En m'exprimant ainsi, je n'entends pas faire un reproche aux savants qui ont consacré leur vie à l'étude des Alpes ou des contrées environnantes, je ne fais que signaler l'état d'une question et démontrer par là combien il importe d'apporter de matériaux nouveaux pour la résoudre. Dans un ouvrage sur la Lombardie, M. Stoppani (1) a adopté une division générale des terrains en tertiaire, crétacé, jurassique, triasique, carbonifère, cristallin et éruptif. Le terrain jurassique, dont nous avons seulement à nous occuper ici, est divisé en cinq parties :

(1) Stoppani, Studii geologici et paleontologici, sulla Lombardia, Milano 1857.

TERRENO GIURESE.

1° Marmo majolica, rosso ad Aptichi, rosso ammonitico. (Primo membro giurese).

2° Deposito inferiore al rosso ammonitico o formazione di Saltrio. (Secondo membro giurese).

3° Dolomia superiore (Terzo membro giurese).

4° Banco madreporico. (Quarto membro giurese).

5° Deposito dell' Azarola. (Quinto membro giurese).

D'après cette division du terrain jurassique en cinq étages, on serait porté à croire que nous avons dans ce tableau une série ascendante correspondant aux divers étages de la formation jurassique des pays circonvoisins; il n'en est rien, et je me contente, pour le prouver, de relever quelques associations paradoxales.

1° **Marmo majolica, etc.** Le premier membre jurassique comprend la faune suivante que je vais répartir suivant l'ordre chronologique normal, afin de mieux mettre en lumière toutes les anomalies de ce mélange.

Jurassique supérieur. Aptychus lamellosus, A. suprajurensis, A. instabilis.

Oxfordien et Kellovien. Bel. hastatus, Bel. Sauvanausus, Nautilus hexagonus, A. Bakeriæ, A. tatricus, A. plicatilis, A. Lamberti, A. Duncani, A. Erato, A. Goliathus, A. cordatus, A. modiolaris.

Ool. infér. et grande Oolite. Bel. bessinus, Bel. giganteus, A. planula in d'Orb., A. niortensis, A. Edouardianus, A. subdiscus, A. subradiatus, A. Humphryesianus, A. Linneanus, A. Brongniarti, A. Tessonianus, A. Martiusii, A. Murchisonæ, A. linguiferus.

Lias sup., Bel. irregularis, A. radians, A. aalensis, A.

thoarsensis, A. communis, A. bifrons, A. complanatus, A. Levesquei, A. Calypso, A. discoïdes, A. cornucopiæ, A. primordialis, A. variabilis, A. Mercati, A. heterophillus, A. jurensis, A. sternalis, A. annulatus, A. Desplacei, A. comensis, A. serpentinus, A. insignis, A. torulosus, A. Raquinianus.

Lias moyen. Nautilus striatus, A. Valdani, A. Regnardi, A. Normanianus, A. spinatus, A. fimbriatus, A. Grenouillouxis, A. mimatensis, A. Maceanus, A. maculatus, A. Davæi.

Lias inférieur, A. Conybeare. A. bisulcatus, A. catenatus.

Ces associations si étranges peuvent ne pas surprendre les géologues italiens ; mais elles sont excessivement difficiles à adopter par tout géologue qui n'est pas familier avec un état de choses qui renverse partout ailleurs l'ordre de succession des faunes. Continuons l'analyse des étages de M. Stoppani.

2° **Formatione di Saltrio.** Le deuxième étage jurassique comprend des espèces du Lias inférieur (Bel. brevirostris, A. Birchii, A. stellaris, A. bisulcatus, Cardinia hybrida, C. Similis); du Lias moyen (A. spinatus); du Lias supérienr (A. cornucopiæ, heterophyllus).

3° et 4° **Dolomia superiore liasica e banco madraporico.** Nous ne rencontrons dans cette division du Jura que des espèces du Lias inférieur. (A. Conybeare, cardium triquetrum et quelques fossiles insignifiants).

5° **Deposito dell' Azzorola.** Dans le cinquième membre jurassique on n'observe que des espèces se rapportant à la zône à Avicula contorta ; c'est même le seul groupe qui concorde avec la série normale des étages ; mais il faut regarder comme inexactes plusieurs déterminations d'espèces qui, du reste, sont difficiles à distinguer.

En prenant à la lettre un travail qui n'est que le prélude des recherches à faire dans les Alpes, on ne serait certainement que peu encouragé dans la voie des rapprochements et des associations. Nous ne prétendons pas dire par là qu'il n'y ait quelques associations, mais assurément elles sont exagérées, lorsqu'elles sont aussi nombreuses.

Il existe dans le bulletin de la société géologique (1) un mémoire de MM. Spada Lavini et Orsini dans lequel les associations spécifiques ont été observées avec le plus grand soin. D'après les recherches multipliées de ces deux savants dans la Calabre, les Abruzzes et la Romagne, il est incontestable que quelques espèces sont associées ; mais la majeure partie d'entre elles sont parquées dans leurs horizons respectifs comme dans les pays qui n'ont pas été tourmentés. Evidemment le triage des espèces, suivant leur gisement, est un acheminement vers l'épuration des faunes et je ne mets pas en doute que le nombre des exceptions ne diminue encore considérablement. Voici les faunes des divers étages du Lias d'après MM. Spada Lavini et Orsini.

Lias inférieur. A bisulcatus, A. Conybeare en grand nombre ; A. serpentinus, A. fimbriatus, A. bifrons et comensis en petit nombre.

Lias moyen. A. fimbriatus, Davæi, Normanianus, subarmatus, muticus associés aux espèces suivantes : Am. radians, comensis, bifrons et serpentinus.

Lias supérieur. A. bifrons, mimatensis, serpentinus, comensis, radians, heterophyllus, sternalis, insignis, varia-

(1) Tome XII, page 1202.

bilis, discoïdes, cornucopiæ, complanatus, Levesquei, Desplacei, Hollandrei, primordialis, zetes. A tout cela, il se trouve mêlé, mais en petit nombre les Am. fimbriatus, Davæi, muticus, subarmatus, Normanianus, Acteon, du Lias moyen ; A. Humphryesianus, polymorphus et tatricus de l'oolithe inférieure.

Avec des mélanges aussi anormaux, la paléontologie doit être bien impuissante, et les étages ne peuvent se faire dans ces conditions que par la division des roches suivant leur ordre de stratification. Les assises élevées représentent le Lias supérieur, et les assises inférieures le Lias inférieur ; celles qui sont intercalées entre les précédentes deviennent l'équivalent du Lias moyen.

J'ai reçu quelques fossiles des calcaires rouges et blancs de la Toscane ; en outre, le professeur Meneghini a eu l'extrême obligeance de m'envoyer les moules en plâtre de la plupart de ces types ; en présence de matériaux déjà nombreux je suis en droit de formuler une opinion ; ai-je eu la main malheureuse ? Je n'ai pas rencontré dans tout ce que j'ai reçu un seul type du Lias moyen ou supérieur mais mes déterminations diffèrent sur plusieurs points de celles du savant professeur Meneghini. Les espèces nouvelles ou peu connues que je vais citer ici sont presque toutes figurées dans ma monographie des Ammonites. Ce sont :

A. obtusus, A. geometricus, A. ceras, A. tardecrescens, A. Partschi, A. oxynotus, A. Czjzeki, A. tenuistriatus, A. Guibalianus, A. Nardii, A. Lipoldi, A. hierlatzicus, A. latispina.

Il est vrai que beaucoup d'espèces du Lias moyen et supérieur ont été citées et on a lieu d'être surpris de ne pas les voir figurer dans la liste ci-dessus. Toutes ces espèces y sont mais sous des dénominations autres que celles acceptées par les géologues italiens. L'A. margaritatus devient l'A. Guibalianus et Buviguieri ; l'A. Davæi est l'A. Serapis ; l'A. fimbriatus devient l'A. Czjzeki, ainsi de suite. Nous ne pouvons donc nous prononcer sur ces mélanges qu'avec une grande réserve. Dans le Lias moyen des géologues italiens est-il surprenant de voir figurer l'A. radians si on n'a pas connaissance de l'A. Kurrianus d'Oppel ? Les Ammonites Algovianus, ruthenensis, n'ont-ils pas les plus grands rapports avec certaines espèces du Lias supérieur ? Soyons donc d'une extrême réserve et quand nous constaterons une exception, qu'elle ne soit pas le fruit d'une interprétation erronée ou d'un mélange dont nous ne percevons pas l'origine.

La géologie des Alpes et des Apennins est calquée sur un même patron, aucun savant ne l'ignore ; j'ai pensé que dans les ouvrages allemands je trouverais des renseignements plus précis dans la répartition des faunes ; mais là comme en Italie, la difficulté est telle qu'il n'y a pas eu moyen d'enserrer les étages dans les limites précises. Un des plus habiles paléontologues de l'Allemagne, M. de Hauer (1), dont les travaux méritent une si grande estime, a cherché à limiter le gisement des céphalopodes dans son magnifique ouvrage sur le Lias du Nord-Est de l'Allemagne. On ne constate pas en général dans l'ouvrage de M. de Hauer la confusion étrange qui résulte des observations faites en Italie ; les fossiles se rencontrent à peu près dans leurs horizons normaux et à part quelques rares anomalies on reconnaît dans les diverses

(1) Ueber die cephalopoden aus dem Lias des Nordöstlichen Alpen. Wien 1856.

faunes l'équivalent de nos horizons. C'est ainsi que les couches de Kössen représentent l'Infralias et une partie du Lias inférieur.

Infralias. A. Moreanus, A. cylindricus, A. stella, A. abnormis, A. striatus.

Lias Inférieur. A. rotiformis, A. bisulcatus, A. Conybeare, A. spiratissimus, A. Kridion, A. Roberti.

De même les couches de Adneth représentant suivant moi l'équivalant de l'Infralias, de la zône à A. obtusus, de la zône à A. raricostatus, et à Davæi.

A. liasicus, A. latesulcatus, Charmassei.

A. stellaris, A. ceras, A. Hungaricus, A. Greenoughi, A. Birchii, A. Zetes ? A. mimatensis (Nardii).

A. raricostatus, A. tardecrescens, A. ceras, A. Nodotianus, A. oxynotus, A. altus.

A. Masseanus, A. Maugenesti, A. Valdani, A. natrix, A. Jamesoni, A. Henleyi, A. fimbriatus.

A. bifrons, A. radians, A. complanatus, A. Lilli, A. Escheri, A. comensis, A. tirolensis.

Il est douteux que tous ces fossiles soient associés dans les mêmes strates. Dans les calcaires de Hierlatz, le géologue reconnait assez aisément la zône à A. raricostatus du Lias inférieur, et la zône à A. Jamesoni du Lias moyen.

Quel travail il reste à faire pour purger toutes ces faunes de dénominations erronées ! ce n'est que par une longue comparaison et en recueillant les échantillons en place, qu'on finira par débrouiller cet inextricable chaos. Je rends hommage, malgré ces lacunes, aux travaux de MM. de Hauer, Gumbel, Oppel, etc., et des géologues italiens qui, comme M. Meneghini, ont fait tous leurs efforts pour élucider la géologie de leur pays.

Ces considérations nous ont beaucoup éloigné du sujet de ce travail et je reviens à l'étude de la faune. Après avoir signalé les affinités qui lient la faune à A. margaritatus et la faune incontestablement de même âge du val di Trompia, je vais chercher à établir les affinités de même ordre qui lient l'Aveyron avec d'autres contrées. Si nous prenons le Wurtemberg comme terme de comparaison, et nous avons comme point de repère un des plus remarquables travaux qui aient été publiés de nos jours, le *der Jura* de Quenstedt, nous voyons que les faunes se présentent successivement dans le même ordre ; il est rare que les espèces occupent des niveaux différents, malgré la distance qui sépare le Wurtemberg de notre département. Là aussi on peut diviser la zône à A. margaritatus en deux parties : une partie inférieure qui comprend la station principale de l'A. margaritatus et une partie supérieure dans laquelle on ne rencontre que l'A. spinatus. Mais si les céphalopodes sont exactement répartis dans les mêmes horizons, il n'en est plus ainsi des Acéphales et nous rencontrons dans la partie la plus élevée de la zône à l'A. spinatus, presque en contact avec les Schistes à Possidonies du Lias supérieur, un ensemble d'espèces qui dans le Wurtemberg sont parquées dans la zône à A. Davæi. En voici la nomenclature :

Plicatula Parkinsoni, Cardium cucullatum, Cucullæa Munsteri, Arca strigillata, Pentacrinus basaltiformis, Turbo Dunkeri.

Ces différences de gisements ne sont pas les seules et parmi les cas les plus remarquables, je citerai encore l'A. Nilssoni, Hébert (Calypso d'Orb. du Lias supérieur), qui n'a été jusqu'à présent signalée que dans le Lias supérieur et qui est associée en petit nombre avec l'A. margaritatus ; j'ai été fort surpris en rencontrant pour la première fois cette espèce, et j'attribuai sa présence à un mélange artificiel ; depuis cette époque, j'ai recueilli plusieurs échantillons de cette même espèce dans l'épaisseur des marnes ; ce fait n'est donc pas le résultat d'un accident, et on ne peut l'attribuer qu'à une association normale.

Tel est l'ensemble des faits que j'avais à exposer sur cette zône remarquable, qui, à cause de sa richesse, sera toujours visitée par les amateurs de fossiles et par les géologues qui désireront être fixés sur la position réelle des espèces qu'elle renferme.

LIAS SUPÉRIEUR.

L'étage le plus élevé du Lias (Upper Lias des Anglais, Obere Lias des Allemands, Toarcien d'Orbigny) comprend la totalité des schistes et des marnes qui sont enclavées entre l'étage précédent et les calcaires de l'Oolite. Considérées au point de vue pétrologique, ces puissantes assises qui atteignent jusqu'à 100 mètres en épaisseur, peuvent se partager en deux parties ; les schistes et les marnes : les schistes (zône à Possidonia Bronnii et à A. serpentinus) ont une épaisseur de 30 mètres et se débitent en feuillets minces comme les feuillets d'un livre ; les marnes, qui sont au-dessus, ont 70 mètres d'épaisseur et se distinguent par leur couleur noire et leur compacité des Schistes à Possidonies qui sont blanchâtres et fissiles. L'épaisseur totale de l'étage n'est pas toujours aussi grande, mais il est rare qu'elle soit inférieure à 80 mètres.

On distingue quatre faunes bien tranchées dans cet ensemble de strates ; les faunes n'ont presque aucun rapport entre elles ; on ne constate que bien rarement l'apparition d'une espèce au-delà de la zône dans laquelle elle a pris son entier développement et ce n'est que bien rarement encore que l'on voit des exemplaires isolés se perdre à jamais dans les couches d'un horizon postérieur. Afin de faciliter l'étude à la fois stratigraphique et paléontologique de l'étage liasique supérieur, je le diviserai en quatre parties : 1° zône à A. serpentinus ; 2° zône à A. bifrons ; 3° zône à A. jurensis ; 4° zône à A. opalinus ; et en passant successivement en revue ces diverses zônes, j'assignerai à chacune d'elles les caractères de toute nature qui leurs sont propres et qui peuvent servir à les distinguer.

Schistes à Possidonia Bronnii. Ces schistes, dont l'épaisseur varie depuis 3 mètres (le Clapier) jusqu'à 30 mètres (St-Jean-d'Alcapies, St-Paul) se reconnaissent de loin aux escarpements abruptes et blanchâtres qu'ils forment au milieu des marnes noirâtres du Lias moyen et du Lias supérieur ; ils se divisent en plaquettes qui se séparent avec la plus grande facilité et qui forment au pied des escarpements verticaux des masses de feuillets marneux groupés dans le plus grand désordre. On voit à la surface de ces feuillets des empreintes de fossiles, tels que Aptychus lythensis, Am. serpentinus, Possidonia Bronnii, etc., mais ces fossiles sont constamment comprimés et il est difficile de leur restituer leur caractère primitif. Heureusement que la nature a pourvu aux besoins futurs des paléontologues et voici par quel moyen elle y a réussi : dans les schistes à possidonie, on rencontre des lits de gâteaux calcaires arrondis que leur forme singulière a fait désigner sous le nom de miches ; ces gâteaux ou masses arrondies ne participent pas aux caractères généraux des schistes dont ils se distinguent par la composition chimique ; grâce à cette composition, ils n'ont pas subi la division en lames que les schistes possèdent au plus haut degré ; ils sont durs, d'une grande compacité, d'une couleur cendrée comme les schistes et n'indiquent dans la masse aucune trace de stratification. Ces caractères physiques étant donnés, il est évident que ces gâteaux étaient éminemment propres à la conservation des fossiles et que dans leur intérieur on doit rencontrer les espèces caractéristiques de cette zône à l'abri de toute compression. C'est en effet en cassant ces miches, que j'ai recueilli la plupart des espèces qui figurent dans la nomenclature paléontologique qui est exposée ici :

Ammonites serpentinus Reinecke. Sp. avec Aptychus lythensis. Lauras, Saint-Jean-d'Alcapies, le Clapier.
Am. Levisoni, Simpson...... Lauras.
» communis, Sowerby. St-Jean-d'Alcapies, Lauras.
Possidonia Bronnii........... Lauras et St-Paul.
Anodonta bollensis, Quenstedt. St-Jean-d'Alcapies.

Cette faune est peu nombreuse, mais aucune des espèces signalées ici ne remonte dans la zône à A. bifrons. Il est vrai que quelques paléontologues ont considéré l'A. Levisoni comme le prototype de l'A. bifrons ; dans ce cas, les paléontologues sont dans la nécessité de reconnaître deux variétés distinctes, l'une pourvue de sillon latéral et l'autre complétement privée de ce canal ; ils sont aussi forcés à admettre que ces deux variétés ont vécu à deux époques distinctes et sans aucun mélange, enfin, que cette modification s'est faite d'une manière subite dès l'apparition de la faune à A. bifrons ; ces diverses considérations m'ont amené à regarder ces prétendues variétés comme des espèces distinctes, quelles que fussent les affinités ou les mélanges qu'elles avaient en commun en d'autres contrées.

Les gâteaux à Possidonies ont donné lieu à la plus singulière des méprises : ils ont été considérés par un géologue, dont le nom a joui d'une réputation considérable, comme le squelette d'un animal à deux siphons et dont le corps se serait rempli d'Ammonites et de Belemnites ; cet auteur avait désigné ce prétendu fossile sous le nom de Tissoa. *Errare humanum est*, et il est heureux que dans l'école moderne on entre un peu plus dans le domaine des faits, et qu'on veuille bien abandonner à jamais l'école de l'imagination et de la fantaisie. Et cependant quel charme pour certains esprits que de se lancer dans le monde des hypothèses et des théories !

Zône à A. bifrons. Cette zône est marneuse et le changement qui s'opère après le dépôt des schistes, permet de lui assigner une limite inférieure précise ; il n'est pas aussi facile de trouver la limite supérieure et il est même nécessaire de faire intervenir les caractères paléontologiques ; mais souvent on rencontre à la base de la zône suivante à A. jurensis, un banc de *Tissoa* auquel sa forme comprimée donne l'aspect d'une véritable assise calcaire ; c'est à ce banc, dont l'épaisseur est de 10 à 15 centimètres et totalement enclavé dans les marnes des deux zônes, qu'il faut arrêter la zône à A. bifrons. C'est, en effet, au-dessus et au-dessous de ce banc, qu'on observe un changement considérable dans ces deux faunes. Ces marnes sont noires et entièrement argileuses ; elles renferment un grand nombre d'espèces dont les représentants sont répartis suivant des lois fixes dans les divers niveaux de cette zône :

1° A la base, on rencontre l'A. Braunianus ; c'est à ce niveau que l'on trouve cette faune si curieuse et si nouvelle et qui est enclavée dans un banc marneux immédiatement au contact avec les schistes à Possidonie. Les marnes dans lesquelles est parquée cette faune ne dépassent pas 1 mètre 50 en épaisseur ; voici les principales espèces de ce niveau inférieur :

Ammonites Braunianus, A. subcarinatus, A. crassus, A. Nilssoni, A. Corpucopia, A. Argelliezi, A. acanthopsis, A. elegans, A. Zitteli, Nucula Paulæ, Cerithium hexagonum, Rhynchonella Julii.

2° Dans la zône moyenne, on rencontre la station vraie de l'A. bifrons et les fossiles sont extrêmement nombreux : Bel. irregularis, B. acuarius, B.tripartitus,Nautilus semistriatus, Ammonites elegans, A. bicarinatus, A. Nilssoni, A. bifrons, A. crassus, A. Emilianus, A. Gervaisi, A. subarmatus, A. erbaensis, Plicatula Neptuni, Lima gigantea, Lima pectinoïdes, Pecten incrustatus, Arca Bixa, Nucula ovum, Nucula Delila, Avicula Delia.

3° La partie supérieure de cette zône ne renferme plus l'A. bifrons et on ne rencontre plus à ce niveau que l'A. Nilssoni, l'A. bicarinatus, l'A. elegans, l'A. erbaensis, l'A. subarmatus, l'A. heterophyllus.

Cette répartition remarquable des espèces suivant des niveaux distincts, est presque générale, à part de rares exceptions, et on peut assigner d'avance à chaque espèce la position qu'elle doit occuper dans l'étendue des marnes du Lias. Les mêmes espèces ne sont pas également abondantes dans toutes les localités et ceci nous prouve que les espèces d'autrefois (comme celles d'aujourd'hui) ne fréquentaient point indistinctement tels ou tels parages. Je n'ai recueilli l'A. Braunianus qu'au Clapier et uniquement dans la position que je lui ai assignée plus haut. L'A. Zitteli qui est extrêmement abondant à St-Jean-d'Alcapies, ne se rencontre que très-rarement au Clapier. J'indiquerai plus loin dans un tableau général quelles sont les localités dans lesquelles on rencontre les diverses espèces.

Zône à Am. jurensis. Les marnes ont continué à se déposer pendant la durée de cette zône comme dans la période précédente et aucun caractère pétrologique ne permet de les distinguer ; ce n'est que par la faune qu'elles renferment qu'elles se reconnaissent facilement.

Un banc de *Tissoa* sépare ces marnes de celles de l'horizon précédent, et c'est par l'intermédiaire de ce banc que l'uniformité des dépôts marneux se trouve rompue en partie ; grâce à ces schistes, le géologue peut préciser avec certitude ce qui appartient à chacun de ces horizons ; le paléontologue peut savoir d'avance où il rencontrera les espèces de l'une ou l'autre de ces zônes.

Les fossiles ne sont abondants que dans les couches inférieures ; quelques mètres plus haut, les couches marneuses sont entièrement dépourvues de fossiles. La faune de la zône est extrêmement nombreuse et en voici la nomenclature :

Bel. Nautilus toarcensis, Ammonites jurensis, A. bicarinatus (rare), A. crassus (rare), A. mucronatus, A. Nilssoni, A. heterophyllus, A. insignis, A. variabilis, A. comensis, A. nautiloïdes, A. discoïdes, A. lythensis, A. striatulatus, A. costula, A. Mercati, A. Germaini, A. radiosus, Arca Costei, Pecten jurensis, Lima Galathea, Nucula jurensis, Rhynchonella tetraedra.

Je ne saurai signaler dans cette zône à A. jurensis, les différences de hauteurs dans la répartition des fossiles observées dans les zônes antérieures ; ces fossiles sont groupés presque dans les mêmes assises et ils sont agglomérés dans une épaisseur si restreinte qu'il m'a été impossible d'assigner à aucun d'eux une position distincte.

Zône à A. aalensis. Après avoir traversé 30 mètres de marnes sans fossiles, on se trouve en présence d'un banc peu fossilifère ; bien que ces fossiles soient en petit nombre, il est difficile, avec de l'attention, de laisser cette zône inaperçue ; les fossiles sont mal conservés, on ne voit que des fragments de tours de l'A. aalensis et il est bien rare d'en rencontrer un échantillon entier. Les fossiles n'ont pas subi dans ces marnes la transformation à laquelle ils ont été soumis précédemment. Les échantillons de la zône à A. bifrons et A. jurensis et du Lias moyen (zône à A. margaritatus) sont transformés en pyrite de fer qui, à son tour, par son exposition à l'air, se modifie et se change en hydroxyde de fer ; dans la zône à A. aalensis, les fossiles sont calcaires et diffèrent minéralogiquement des espèces que nous avons étudiées dans les horizons antérieurs. Il faut en exempter cependant la zône à A. serpentinus, dans laquelle on rencontre ces espèces sous le même état minéralogique. Ce banc fossilifère est surmonté par une épaisseur de marnes qui est d'environ 20 à 25 mètres.

La faune de cette zône est peu riche. Je n'ai jusqu'à présent rencontré que les espèces suivantes :

Belemnites exilis, Bel. opalinus, Nautilus, Ammonites aalensis, Turbo capitaneus, Turbo subangulatus,

Trochus subduplicatus, Leda rostralis, Leda lugens, Nucula Hausmanni, Nucula Hammeri, Trigonia pulchella, Astarte Voltzi, Cucullæa inæquivalvis, Lucina plana, Thecocyathus mactra.

Après avoir passé en revue les diverses zônes du Lias supérieur et avoir démontré qu'elles étaient les espèces propres à chacune d'elles, j'énumérerai la faune complète du Lias en indiquant les lieux où j'ai recueilli chaque espèce.

Vertèbres d'Ichthyosaure....	
Belemnites tripartitus, Schlotheim.	St-Jean-d'Alcapies, Clapier, Bosc, etc.
» irregularis, Schlotheim.	Lauras, St-Jean-d'Alcapies, etc.
» incurvatus, Zieten.....	St-Paul, Lauras.
» acuarius, Schlotheim..	Le Clapier.
» exilis, d'Orbigny......	Tournemire, le Clapier, Dourdou.
» opalinus, Quenstedt...	Dourdou.
» unisulcatus, Blainville.	St-Jean-d'Alcapies.
Nautilus, Toarcensis, d'Orbigny.	Le Clapier, Lauras.
» semistriatus, d'Orbigny.	Le Clapier, Lauras, Tournemire.
Ammonites serpentinus, Reinecke.	Lauras, St-Jean-d'Alcacapies, etc.
» annulatus, Sowerby..	St-Jean-d'Alcapies, Lauras
» serpentinoïdes, Reynès.	Lauras, Tournemire.
» acanthopsis, d'Orbigny.	Le Clapier, St-Jean-d'Alcapies.
» Argelliezi, Reynès....	Le Clapier.
» Zitteli, Oppel....	St-Jean-d'Alcapies, le Clapier.

Ammonites subcarinatus, Young... Le Clapier.
» Braunianus, d'Orbigny. Le Clapier, Rivière.
» bifrons, Bruguière.... Partout.
» elegans, Sowerby (complanatus). Partout.
» heterophyllus, Sowerby. Le Clapier, St-Jean-d'Alcapies, Rivière.
» superarmatus, Reynès.. Le Clapier, Rivière, St-Jean-d'Alcapies.
» Nilssoni, Hébert...... Partout.
» erbaensis, Hauer..... Le Clapier.
» bicarinatus, Münster, in Zieten. Partout.
» Le Meslei, Reynès.... Le Clapier.
» nautiloïdes, Raspail... Le Clapier, Lauras, etc.
» cornucopia, Young ... Le Clapier.
» jurensis, Zieten..... St-Jean-d'Alcapies, Lauras.
» .... Le Clapier.
» coronatulus, Boyé..... Le Clapier, Lauras, etc.
» lythensis, Young. St-Jean-d'Alcapies, le Clapier.
» discoïdes, Schübler.... Partout.
» Mercati, Hauer....... Le Clapier.
» hircinus, Schlotheim... Le Clapier.
» oblique-interruptus, Schübler in Zieten. Le Clapier.
» variabilis, d'Orbigny.. Partout.
» comensis, de Buch.... Le Clapier.
» insignis, Schübler in Zieten. Partout.
» costula, Reinecke...... Le Clapier, St-Jean-d'Alcapies.
» Gervaisi, Reynès.. Le Clapier, St-Jean-d'Alcapies.
» radiosus, Reynès..... Rivière, le Clapier, Tournemire, St-Jean-d'Alcapies
» sublineatus, Oppel..... Le Clapier, Laissac.

Ammonites striatulus, Sowerby.	Tournemire, Saint-Jean-d'Alcapies, Lauras.
» mucronatus, d'Orbigny.	Le Clapier, Lauras, Saint-Jean-d'Alcapies.
» crassus, Phillips.......	Lauras, St-Jean-d'Alcapies, Tournemire.
» Reussi, Hauer........	Le Clapier.
» aalensis, Zieten.......	Fontanille, St-Jean-d'Alcapies, le Clapier.
Turbo capitaneus, Münster in Goldfuss.....	Tournemire, St-Jean-d'Alcapies.
» subangulatus, Münster in Goldfuss........	Lauras, Rivière, Le Clapier.
» subduplicatus, d'Orbigny.	Tournemire, le Clapier, Lauras, etc.
Trochus duplicatus, Sowerby.	Lauras, Tournemire, St-Jean-d'Alcapies.
Natica Pelops, d'Orbigny....	Le Clapier, St-Jean-d'Alcapies.
Pleurotomaria	Saint-Paul.
Purpurina Patrocles, d'Orbigny.	Lauras, etc.
Cerithium armatum, Goldfuss.	St-Jean-d'Alcapies, Tournemire, le Clapier.
Nucula Hammeri, Defrance..	Tournemire, etc.
» jurensis, Quenstedt.....	Le Clapier.
» Hausmanni, Rœmer...	St-Jean-d'Alcapies, etc.
» Delila, d'Orbigny.	St-Jean-d'Alcapies, le Clapier.
» ovum, Sowerby..	St-Jean-d'Alcapies.
Leda rostralis, Lamarck. Sp.	Le Clapier.
» lugens, Reynès......	St-Jean-d'Alcapies, le Clapier.

Lucina plana, Zieten........ St-Jean-d'Alcapies, Tournemire, Clapier, Rivière.

Arca inæquivalvis, Goldfuss. Sp. Rivière, le Clapier.

» Bixa, d'Orbigny. Le Clapier, St-Jean-d'Alcapies.

» Costei, Reynès....... St-Jean-d'Alcapies.

Pecten incrustatus, Defrance. St-Jean-d'Alcapies, Clapier.

» jurensis, Reynès..... Dourdou.

» inæquivalvis .... St-Jean-d'Alcapies.

» velatus, Goldfuss..... St-Jean-d'Alcapies.

Lima gallica, Oppel........ Rivière, Lauras, etc.

» Galathea, d'Orbigny... Le Clapier.

» pectinoïdes, Deshayes.. Lauras.

Astarte Voltzi, Hœninghaus in Goldfuss. Lauras, St-Jean-d'Alcapies, Tournemire.

Plicatula Neptuni, d'Orbigny. Lauras,

Avicula Delia, d'Orbigny..... St-Paul, le Clapier.

Inoceramus Josephi, Reynès.. St-Jean-d'Alcapies.

Trigonia pulchella, Agassiz... Rivière, Lauras.

Possidonia Bronnii, Voltz.. St-Jean-d'Alcapies, le Clapier, etc.

Anodonta bollensis, Quenstedt. St-Jean-d'Alcapies.

Terebratula . Le Clapier.

Rhynchonella tetraedra Sowerby. Sp. Le Clapier.

» Julii, Reynès........ Le Clapier.

Pentacrinus jurensis, Quenstedt. Fontanille.

Thecocyathus mactra, Goldfuss. Sp. Lauras, le Clapier, Rivière.

Il est peu de contrées aussi favorisées que l'Aveyron au point de vue paléontologique. On peut même considérer sa richesse comme inépuisable dans tous les lieux où les zônes sont marneuses. J'ai parcouru, à certaines époques, des localités où je n'ai pu recueillir qu'à grand peine de rares échantillons ; il a suffi d'un fort orage pour laver la surface et rendre à ces marnes si pauvres leur abondance primitive.

Après avoir examiné tout ce qui a rapport à la paléontologie de l'étage, je comparerai le Lias normal de l'Aveyron à celui des autres pays et je signalerai en même temps les exceptions qui ne concordent pas avec les faits généraux que j'ai établis précédemment dans cette partie de la formation liasique :

1° La zône à A. serpentinus des environs de Laissac ne revêt point l'état de schiste comme dans les arrondissements de Milhau et de St-Affrique ; l'expression de *Possidonien Schiefer* devient donc inexacte à moins qu'elle ne soit prise dans un sens abstrait. C'est un calcaire jaunâtre dans lequel j'ai rencontré l'A. serpentinus. Nous avions déjà vu que près de Séverac-le-Château, la zône à A. margaritatus avait subi une transformation analogue et que des modifications semblables peuvent se produire à tous les niveaux.

En comparant le Lias supérieur du Wurtemberg et de l'Aveyron, on ne constate pas des différences considérables ; je dois cependant en signaler deux qui touchent à la fois à la pétrographie et à la paléontologie ; les schistes ne dépassent pas dans l'Aveyron la zône à A. serpentinus ; dans le Wurtemberg, ils franchissent cette limite et envahissent la partie inférieure de la zône à A. bifrons ; l'état pétrologique de cette portion de zône a amené une communauté apparente d'espèces entre ces deux horizons si distincts dans le midi de la France, et les géologues du Wurtemberg se sont crus autorisés à réunir en une seule les deux zônes que nous avons eu tant de raison de séparer dans nos contrées. Le Lias ε du professeur Quenstedt comprend donc la zône à A. serpentinus et la zône à A. bifrons ; ce double désaccord ne tient qu'à cette cause. En ce qui concerne la zône à A. jurensis, nous sommes dans une concordance complète de vue et les mêmes fossiles se voient au même niveau dans les deux pays. Il n'en est plus ainsi pour la zône à A. opalinus où sous l'influence d'une simple différence pétrologique, le désaccord recommence ; je reviendrai de nouveau sur ce sujet que j'ai déjà traité partiellement lorsqu'il a été question des limites à assigner au Lias.

A propos de ces différences pétrologiques, je ferai remarquer que les limites du Lias ont été reculées considérablement par les auteurs modernes et que plus anciennement, en Angleterre, là où le Lias a été créé, cette formation ne comprenait ni la zône à A. opalinus, ni la zône à A. jurensis ; certains auteurs anglais avaient été même jusqu'à en exclure la zône à A. bifrons. A quelle cause attribuer toutes ces différences d'interprétation ? Ceci ne tient qu'à ce qu'en Angleterre et ailleurs, les caractères pétrographiques ne sont pas constants dans une même zône. Suivant que l'état marneux se prolonge plus ou moins, suivant que cet état se restreint davantage par le changement qui s'opère dans la nature des sédiments, on voit les étages s'allonger ou se raccourcir en même temps. En Angleterre, on observe au-dessus des marnes, des calcaires à structure oolithique et ces bancs sont l'élément unique de l'étage suivant, l'oolithe inférieur. On voit maintenant d'avance quelles doivent être les conclusions d'un géologue pétrographe ; suivant les variations des caractères de la roche, l'étage inférieur s'allonge ou se raccourcit et contrairement à celui-ci, l'étage supérieur diminue d'autant ou augmente en sens inverse ; des faits semblables ont été interprétés de la même manière à propos de la craie et je citerai un nouvel exemple quoique étranger à mon sujet pour mieux prouver ce que j'avance. La craie de Rouen (zône à A. rhotomagensis) a été désignée en Angleterre, dans certaines localités, à composition grésique, sous le nom de *Upper green Sand*; c'est ordinairement à l'état de grès que cette zône se montre ; mais parfois, ce caractère n'affecte que quelques couches, et l'*Upper green Sand* diminue d'autant; ou bien ce caractère s'évanouit complétement (Folkestone), et l'*Upper green Sand* disparaît totalement. Que font les pétrographes dans ce dernier cas ? Ils prolongent la craie marneuse (Chalk Marl. — Zône à Inoceramus labiatus) d'autant et font descendre cette zône jusqu'au niveau de l'A. rhotomagensis.

Je pourrais encore multiplier ces exemples et montrer à quelles absurdités peuvent mener les rapprochements fondés uniquement sur l'uniformité des caractères pétrographiques, quand on ne tient compte ni des positions relatives ni de la paléontologie ; mais ces faits sont aujourd'hui de notoriété publique et leur absurdité leur a ôté tout crédit.

Les faits que je viens d'exposer prouvent bien ce que je désirais démontrer ; le nom de Lias ayant été donné primitivement à des lits de marnes et de calcaires ne pouvait nullement convenir à une roche oolithique et les auteurs anglais Sowerby, De la Bêche, Conybeare, etc., étaient parfaitement fondés en rejetant dans l'Oolithe inférieure l'équivalent de nos marnes liasiques supérieures. Malheureusement depuis lors, ces auteurs et surtout les modernes se sont relâchés de leurs principes en réunissant au Lias non-seulement la zône à A. jurensis, mais aussi la zône à A. opalinus. Chose plus regrettable, certains de ces géologues ne se contentent pas d'être en désaccord entre eux sur la limite supérieure du Lias, ils font varier cette limite suivant l'état minéralogique de la contrée ; ainsi à Ilminster, à Lyme-Regis, la zône à A. jurensis ne fait point partie du Lias, et ce fait tient à ce que les marnes et les calcaires marneux cessent dans la zône à A. bifrons. A Whitby et dans tout le Yorkshire, il n'en est pas ainsi parce que ce n'est quedans le Dogger(Oolithe inférieur) qu'apparaissent les roches à structure oolithique; aussi tous les géologues et paléontologues de la contrée (Young, Phillips, Simpson, Conybeare) sont-ils unanimes pour reculer les limites du Lias jusqu' aux bancs oolithiques et l'on voit toutes les assises marneuses (les zônes à A. serpentinus, A. bifrons, A. jurensis et A. opalinus désignées sous les noms de Upper Lias Shales (Phillips) Aluminons strate (Young) Alum strate (Young), c'est-à-dire rangées sans hésitation dans le Lias supérieur.

Nous n'avons pas pour but dans ce que nous venons d'exposer de repousser systématiquement les caractères pétrographiques ; nous reconnaissons leur importance et nous en avons tiré une trop grande utilité pour ne pas en contester la valeur ; mais ce que nous avons voulu démontrer c'est qu'il ne suffit pas de l'identité de deux roches pour conclure à leur parallélisme ; c'est ainsi que nous n'admettrons jamais le parallélisme des grès de Keuper, du Lias, de la craie et des terrains tertiaires, quelque identité qui puisse résulter de la comparaison de ces grès entre eux ; de même nous ne synchroniserons jamais les fers oxydulés (Hæmatite rouge) de Beauregard avec ceux du Lias supérieur de la Verpilière, de l'Oolithe inférieure de l'Ardèche, et de l'oxfordien inférieur de la Voulte. Ces exemples sont suffisants pour prouver que les caractères tirés des dépôts ne doivent être employés que conjointement avec les caractères fournis par la stratigraphie et la paléontologie.

Monsieur Eugène Deslongchamps a ramené partiellement le Lias de France à ses limites primitives, comme cela avait été fait dans le sud de l'Angleterre ; dans ce but, il a considérablement réduit cette formation en en retranchant tout l'étage supérieur qu'il a réuni à la formation oolithique sous le nom de marnes infra-oolithiques. Evidemment, M. E. Deslongchamps a dépassé le but et il aurait dû, s'il n'avait voulu que ramener la formation à ses limites primitives, conserver dans le Lias la zône à A. bifrons, qui, en Angleterre, n'a jamais cessé de faire partie du Lias. Et puis, je le répète, quelle importance d'arrêter le Lias au-dessus ou au-dessous de plusieurs zônes appartenant au Lias supérieur des auteurs modernes. La position des diverses zônes ne change en rien et il n'existe pas plus raison de les rattacher avec les étages supérieurs qu'avec les étages inférieurs. Nous ne saurions trop tôt renoncer à un problème dont la solution quelle qu'elle soit est toujours également fausse ou vraie, suivant les points de vue auxquels on se place.

Si on veut rendre au Lias ses limites initiales, il faut se contenter de séparer les zônes à A. jurensis et à A. opalinus, sans être pour cela plus avancé. Ce fait devient moins fâcheux, puisque les auteurs anglais (Wright, Morris, etc.) renoncent actuellement aux limites assignées tout d'abord à la formation dont le caractère principal était de se présenter en couches (Layer).

Nous savons en outre que sur le continent, si on a élargi les limites du Lias en y rattachant les zônes supérieures à Ammonites jurensis et à Ammonites opalinus, c'est que généralement en France elles participent aux caractères pétrographiques des autres zônes ; mais qu'un changement contraire vienne à se produire et que l'une des zônes supérieures passe à l'état oolithique, et au lieu d'augmenter le Lias, il sera réduit d'autant. Quant à moi, je donne par définition le nom de Lias à toutes les couches comprises entre la zône à Avicula contorta et la zône à A. opalinus inclusivement.

OOLITHE INFÉRIEURE.

Nous avons déjà vu des marnes succéder aux calcaires à la limite du Trias et de l'Infralias ; en effet, après les marnes bariolées du Keuper sont venus se déposer des calcaires ruiniformes, tantôt purs, tantôt dolomitiques, qui forment aujourd'hui les escarpements verticaux situés au-dessus des pentes ravinées des argiles keupériennes. Nous observons une succession identique à la fin de la période liasique ; mais ici les marnes irisées sont remplacées par les marnes noires du Lias, et les calcaires à surface rougeâtre de l'Infralias sont remplacés par les calcaires gris ou cendrés de l'Oolithe inférieure. La roche oolithique est taillée en escarpements verticaux, et ce phénomène est même mieux marqué que dans l'Infralias ; ce fait tient à ce que les marnes liasiques présentent un caractère plus constant et ne sont jamais ou très-exceptionnellement remplacées par des roches dures ; il s'ensuit que lorsque les eaux ont longtemps exercé leur action sur les marnes, les calcaires n'ont plus de base de sustentation et s'écroulent en blocs immenses. Les caves de Roquefort, dans lesquelles on prépare le fromage de ce nom si renommé, n'ont pas d'autre origine ; ce sont d'énormes blocs d'oolithe de 40 à 50 mètres de haut qui se sont éboulés les uns sur les autres dans un désordre inexprimable, en glissant sur les marnes du Lias supérieur. Il est évident que des faits de cet ordre, ne sont pas faits pour inspirer une sécurité indéfinie aux habitants de Roquefort comme à tous ceux qui sont dans des conditions analogues, c'est-à-dire cantonnées sous le rempart oolithique, il n'est pas rare de voir des blocs immenses se détacher de la masse principale et rouler sur les pentes que les eaux ne cessent de rendre de plus en plus déclives, par le ravinement des marnes. Près du village du Clapier, dont la réputation fossilifère s'étend si loin, on voit un petit hameau bâti même sous les roches de l'Oolithe ; il y a quelques années que dans cette petite localité, une maison fut complètement écrasée avec tous ses habitants sous une avalanche oolithique. Cette immense ceinture de rochers s'étend sans interruption autour du plateau du Larzac ; ce plateau sert de limite naturelle à l'Oolithe inférieure ; j'ajouterai que la verticalité des couches est un des côtés les plus désavantageux pour les géologues qui ne peuvent aborder ces pentes escarpées et qui sont obligés de chercher dans les nombreux éboulis, qui reposent sur les marnes, les matériaux nécessaires à leur étude. Il n'y a que très-peu de points abordables et sont-ils encore d'un très-difficile accès.

L'Oolithe inférieure débute par des bancs de calcaires marneux alternants avec des lits extrêmement minces de marnes; ces lits bleuâtres, qui ont environ 5 à 6 mètres en épaisseur, sont lardés par un brachiopode de moyenne taille, auquel j'ai donné le nom de Rhynchonella ruthenensis. C'est un excellent niveau à cause de l'extrême abondance de ce fossile; au-dessus de ces bancs inférieurs s'élève une masse imposante de calcaires compactes caractérisées par l'Ammonites Murchisonæ. On rencontre en même temps que cette espèce : Terebratula perovalis, Hemicidaris ruthenensis, modiola plicata, A. Jujifer.

Les fossiles que je viens de citer, quoique peu nombreux, sont suffisants pour que tous les géologues aient immédiatement reconnu la zône dont il est question ici, la zône β du Jura brun de Quenstedt, la *Malière* des géologues normands; mais dans l'Aveyron, cet horizon n'a pas une épaisseur de 50 à 60 centimètres comme en Angleterre ou dans la Normandie; il faut centupler ces nombres pour avoir la hauteur réelle de la zône Aveyronnaise; on ne peut en effet lui assigner moins de 50 à 60 mètres de puissance. Dans l'épaisseur de cette masse énorme et à la surface des strates, on rencontre les fameux bancs à fucoïdes (Chondrites scoparius) dont l'importance est si amoindrie par les récentes découvertes. Nous savons que ces mêmes végétaux ou du moins des végétaux de même nature occupent au moins trois niveaux dans le midi de la France, puisqu'on les trouve aussi dans le Lias supérieur et dans la zône à A. Humphryesianus. Les inductions à tirer de la présence de ces végétaux sont donc d'une maigre importance.

Après avoir dépassé la zône à A. Murchisonæ, on ne se

trouve plus en présence de la zône suivante à A. Humphryesianus, comme on serait en droit de s'y attendre; cela a lieu ainsi dans les pays où les sédiments marins ont continué à se déposer, mais dans l'Aveyron des couches d'eau douce sont venues remplacer totalement cette zône et la faune à céphalopodes de la Normandie et du Dorset est représentée par des Unio, des Cyclades, des Mytiles, etc., c'est-à-dire par des fossiles d'eau douce ou d'eau saumâtre. Ces dépôts si singuliers sont formés par des calcaires feuilletés marneux et par des assises charboneuses. Les épaisseurs des calcaires et des charbons varient considérablement et généralement en sens inverse; c'est dire dors et déjà que le rendement en combustibles n'est pas constant et qu'on doit s'attendre à de grandes variations; en effet l'épaisseur est comprise entre 12 et 80 centimètres environ. On sait que ces charbons ont été désignés sous le nom de stipites.

Marcel de Serres (1), qui s'est déjà occupé de ce sujet, croit pouvoir établir en thèse générale que sur les bords du bassin, les couches sont moins puissantes; ce fait paraît être assez général; en effet, tandis qu'à la Cavalerie on constate une épaisseur de 70 à 80 centimètres, on ne trouve plus à Ceral et à la Liquisse que 45 centimètres et à Creyssels et au Mas-Nau que 12 à 15 centimètres seulement.

Ces charbons sont l'objet d'une exploitation suivie depuis longues années et de nombreuses compagnies se sont divisées la région carbonifère, afin d'en faire l'extraction. Ce combustible est surmonté par des couches marines

(1) Bulletin de la Société Géologique de France, tome XVI, page 97.

avec divers fossiles (Avicules, Peignes, Oursins), tous généralement d'assez mauvaise conservation. L'étude paléontologique de cet étage est loin d'être faite ; la rareté et le peu de conservation des espèces rend leur étude difficile et incomplète. Voici les espèces que j'ai rencontrées dans les assises des divers bancs :

Zône à A. Murchisonæ.

A. Murchisonæ, Sowerby... Lauras.
» jujifer Waagen....... Rivière.
Goniomya vscripta, Agassiz.. Fontanille.
Mytilus plicatus, Sowerby. Sp. Cornus.
Trigonia decorata, Quenstedt. Fontanille.
Gervillia tortuosa, Sowerby.. Fontanille.
Phalodomya fidicula, Sowerby. Lauras, Fontanille.
Myacites ferratus. Quenstedt. Lauras.
Pecten pumilus, Lamarck... Lauras, St-Paul.
» St-Jean-d'Alcapies.
Lima aalensis, Quenstedt... Lauras.
Ostrea calceola, Quenstedt. Sp. Fontanille.
Terebratula perovalis, Sowerby. Lauras, St-Paul.
»
Rhynchonella ruthenensis, Reynès. St-Paul, Lauras, etc.
Hemicidaris ruthenensis, Gauthier. Le Clapier.

Zône à Cyclades. Paludines, Melanies, Cyclades, Mytiles, Unio.

Les strates à charbon de la Cavalerie renferment une faune à la fois marine et saumâtre. Je ne puis mieux faire pour en donner une idée, que de transcrire les propres paroles de Marcel de Serres (1).

(1) Bulletin de la Société Géologique, tome XVI, page 99.

« La partie inférieure des terrains houillers jurassiques se compose de couches puissantes, calcaires, plus ou moins colorées et compactes, appartenant à la formation oolithique. Au-dessus de leurs masses se montre la houille sèche ou stipite, qui repose immédiatement sur des schistes alumineux noirâtres. Les bancs houillers sont surmontés par des schistes noirâtres très-carburés dont certaines parties rappellent la structure du bois. Les schistes varient dans leur épaisseur de 1 à 12 centimètres et manquent souvent. Ils brûlent très-bien, et s'exfolient en même temps d'une manière complète ; on les utilise dans les fours à chaux des environs de la Cavalerie.

« On rencontre également dans le système inférieur des fers hydratés, oolithiques ou limonites, à grains ovalaires, distinctement séparés de la gangue friable dans laquelle ils sont disséminés. Lorsque le fer apparaît, le charbon et les schistes carburés diminuent d'une manière sensible et finissent même par disparaître, si cette substance métallique prend une grande importance. Ces schistes présentent cette particularité remarquable, de renfermer dans leur masse, et plus ou moins dispersés, des amas de gypse parfois d'une épaisseur de 1 mètre. Ce gypse lenticulaire, jaunâtre, demi-translucide, est analogue à celui des terrains tertiaires de Montmartre, près de Paris.

« A partir de ces roches schisteuses, on observe trois principales couches d'un calcaire oolithique assez compacte, renfermant des coquilles fossiles dont les unes appartiennent aux eaux salées, et les autres aux eaux douces particulièrement stagnantes.

« Le genre de Paludines, le plus abondant, comprend trois espèces différentes. La première, la plus renflée et la plus ventrue dans les derniers tours, rappelle par ses dimensions la *Paludina vivipara* de Draparnaud. La deuxième, plus allongée et de la taille de la *Paladina achatina* du même conchyliologiste, a été le plus souvent déformée par la pression qu'elle a éprouvée ; aussi n'est-il pas possible d'en donner une description un peu précise. Avec ces deux espèces, on en découvre une troisième, un peu supérieure par ses dimensions à la *Paludina similis*, et par conséquent bien plus petite que les espèces précédentes.

« Les couches oolithiques dans lesquelles on découvre cette petite espèce de Paludine offrent également de nombreux individus de Mélanies à tours fortement prononcés. Cette espèce se rapproche, mais seulement par sa taille, de la *Melania virgulata* dans le jeune âge, taille qui ne dépasse pas 10 millimètres. Avec cette Mélanie, on observe quelques rares individus du genre Cyrène, mais d'une très-petite dimension.

« Les mêmes couches oolithiques recèlent en outre d'assez nombreux échantillons du genre Mytile *Mytilus retusus* ou *smaragdinus* de Lamarck.

« La coquille la mieux conservée du genre est assez voisine du *Mytilus falcatus*, espèce fossile décrite par Münster. Ces moules, très-finement striés, sont accompagnés par des coquilles bivalves également caractérisées par des sillons transversaux, mais saillants et assez écartés les uns des autres. Ce caractère éloigne toute idée de rapprochement entre ces coquilles et celles du genre Cyclade. L'espèce de la Cavalerie est assez voisine de l'*Astarte curvirostris* de Rœmer, et a les plus grandes affinités avec quelques autres espèces figurées par Goldfuss, ainsi qu'avec l'*Astarte minima* des marnes supraliasiques de Fourillon, près de Pézénas (Hérault). Les unes et les autres, de très-petites dimensions, ne dépassent guère 10 à 12 millimètres.

« La seconde couche fossilifère, supérieure aux stipites de la Cavalerie, renferme de nombreuses tiges végétales d'une longueur de 15 à 20 centimètres et d'un diamètre de 15 à 18 millimètres. Ces tiges se rencontrent dans des calcaires oolithiques, noirâtres, compactes; leurs nuances sont encore plus foncées que la roche qui les enveloppe, surtout leur partie externe qui simule une sorte d'écorce.

« Le troisième système de couches fossilifères recèle de nouveau des coquilles marines et lacustres. Les dernières, d'une assez grande dimension dans tous leurs sens, rappellent un peu par leurs formes l'*Unio obliqua* de l'Ohio dont elles diffèrent du reste beaucoup. Elles ont aussi quelques rapports, mais très-éloignés, avec l'*Unio concinnus*, espèce fossile décrite par Goldfuss.

« Avec cet *Unio*, on découvre des coquilles très-comprimées, comme le sont celles de Mulettes; elles semblent se rapporter aux Gervilies, ou du moins à quelque genre voisin. Comme on ne peut observer la charnière de ces valves fossiles, il règne une grande incertitude sur leur détermination; aussi n'est-ce qu'avec doute que nous les rapprochons des genres auxquels nous les avons comparés. Il n'est pas de même cependant des Avicules que l'on trouve dans le même système de couches: la singularité de leur forme qui ressemble un peu, ainsi que l'a fait observer Lamarck, à une aile d'oiseau, ne permet pas la moindre incertitude sur leur véritable place.

« L'Avicule des couches oolithiques de Larzac, d'une taille moyenne, est analogue, sous ce rapport seulement, à l'*Avicula tarentina* de la Méditerranée. Les parties essentielles et caractéristiques de ce genre sont assez bien conservées pour que nous puissions rapporter nos échantillons avec toute certitude aux Avicules. On peut en dire autant des Paludines, quoique leurs caractères soient moins tranchés. »

Supérieurement aux lignites, on rencontre des calcaires blancs dont l'épaisseur peut être évaluée à 15 mètres et ne contenant que des espèces marines. Dans cette zône j'ai trouvé une avicule fort voisine de l'Avicula tarentina de la Méditerranée. Dans les mêmes calcaires j'ai recueilli un oursin que j'avais confié à M. Desor et qu'il m'a renvoyé sous le nom de Hemipedina Rouvillei. En même temps que cet oursin on rencontre des bivalves appartenant aux genres Pholadomye, Panopée, Venus, Cythérée, Mytile et Terebratule. Immédiatement au-dessus des couches à charbon de Ceral près Saint-Georges de Lusençon, j'ai rencontré le Latomeandra Davidsoni de Michelin associé avec un Peigne indéterminé.

Certes cette nomenclature n'est pas faite pour bien fixer un géologue sur la position réelle de ces couches et jusqu'à présent je ne sais à quoi elles correspondent ; ce que je puis affirmer c'est qu'au-dessus de ce système qui est, si l'on veut, de l'Oolithe inférieure, du Fullers Earth, de la grande Oolithe, du Kelloway Rock et même de l'Oxfordien inférieur et rien n'empêche que ce calcaire ne corresponde à un ou plusieurs de ces étages, on rencontre des calcaires blancs arrondis et renfermant l'A. plicatilis. Cette roche oxfordienne a une physionomie des plus singulières et en apercevant de loin ces énormes masses arrondies, on se rappelle instinctivement les huttes groupées des castors. Ces calcaires oxfordiens qui sont du reste hors de nos limites géographiques sont en même temps surmontés plus loin par les assises coraliennes des environs de Saint-Pierre, près Lodève.

L'Oolithe inférieure existe dans les arrondissements de Saint-Affrique, Milhau, Rhodez, Espalion ; dans l'arrondissement de Villefranche, elle est aussi représentée, mais les depôts jurassiques de cette partie du département sont séparés du golfe jurassique des arrondissements de Milhau et de St-Affrique par un massif granitique.

Tel est le programme que je m'étais imposé au début de cette étude et je crois l'avoir rempli en partie ; il ne me reste pour achever cette notice qu'à décrire les espèces nouvelles que j'ai dénommées dans mon texte.

DESCRIPTION DES ESPÈCES

AVEC LES SYNONYMIES PEU CONNUES.

Ammonites Laurasensis, Reynès.

Pl. I. Fig. 1 a-b.

Ammonite à tours ronds, à peine recouverts, ornée de de côtes simples, bifurquées, aboutissant à un tubercule placé vers le tiers de la partie interne des flancs; ombilic large et profond; dos arrondi; lobes invisibles. Cette espèce est rare et je n'en connais qu'un seul exemplaire; je l'ai recueilli à Lauras, près Roquefort, dans les calcaires liasiques à l'A. Bechei, A. fimbriatus, Ostrea Cymbium, etc.

Ammonites Henleyi, Sowerby.

Pl. I. Fig. 2 a-b.

Sowerby, mineral conchology. Pl. 172.

Cette espèce a été confondue par tous les auteurs avec l'Ammonite striatus de Reinecke; elle en diffère en tous points. Tandis que cette dernière est formée par des tours larges, renflés, à ombilic étroit et à ornementation constante à tout âge, l'A. Henleyi au contraire change complétement de livrée avec l'âge et a des tours constamment étroits, avec un ombilic large.

A l'état jeune, elle est ornée de côtes simples sur les flancs et les côtes se divisent vaguement sur le dos en formant une sorte de ganse. Elle est figurée à l'état jeune dans les auteurs sous les noms de latæcosta Sow. et hybrida d'Orbigny. A l'état adulte, cette espèce se modifie complétement; un double rang de tubercules, dont on commence à apercevoir la trace dans certains individus jeunes, occupe la région des flancs; à partir des tubercules marginaux externes, les côtes se divisent en deux parties; mais les côtes doubles n'existent que sur le dos. Ce changement de livrée de l'état jeune à l'état adulte s'opère comme dans la plupart des Ammonites, sous des diamètres très-différents. Dans l'échantillon figuré, le second rang des tubercules est à peine visible et on n'en reconnaît la trace qu'avec beaucoup d'attention; aussi le dessinateur ne l'a-t-il pas indiqué. Cette espèce est très-rare et je n'en connais que deux échantillons provenant de l'Aveyron. Elle a été recueillie dans le Lias moyen calcaire de St-Jean-d'Alcapies, en compagnie des Ammonites fimbriatus, A. Bechei, Gryphœa Cymbium, etc.

Pygaster Reynesi, Desor.

Coquille subpentagonale, concave en dessous, presque anguleuse à l'ambitus. Zônes porifères droites, à l'exception des deux postérieures que le periprocte fait légèrement dévier. Pores disposés par simples paires, obliques; ambulacres un peu renflés, ornés de tubercules perforés, non crénelés, scrobiculés, formant à la face inférieure et à l'ambitus 4 rangées, dont les deux externes seulemen persistent jusqu'au sommet. Interambulacres ornés de 12 rangées de tubercules à l'ambitus, qui se réduisent à 4 en approchant du sommet. Péristome circulaire; periprocte postérieur, ovale, assez large, s'étendant jusqu'à l'appareil apical.

Diamètre 30 millimètres — hauteur, 43 centièmes du diamètre.

Localité : Cabanous, près Saint-Georges (Aveyron); zône à Ammonites margaritatus.

Ammonites Ragazzoni, Hauer.

Pl. 1 bis. Fig. 1 a-e.

Hauer. Fig. 16 et 17. Ueber die Ammoniten aus dem Sogenannten Medolo der Berge Domaro Guglielmo im Val di Trompia. provinz Brescia. Wien 1861.

Espèce comprimée à l'état adulte et à ombilic très-évasé, tours ronds ornés de côtes simples, obliques suivant l'axe des tours et rarement accouplées sur les flancs; dos rond.

Les individus jeunes sont globuleux (fig. 2 c-d) et ombiliqués profondément; les côtes s'effacent d'autant plus qu'ils sont plus jeunes; les flancs sont terminés comme dans les coronati, par une crète étroite divisée par des côtes élevées et qui s'effacent insensiblement sur le dos, différence très-marquée avec l'adulte.

Il existe une seconde variété de la même Ammonite caractérisée par des tours plus larges et un dos plus plat (fig. 2 a-b-c). Les cloisons (fig. 1 e, 2 c) sont fortement découpées et les selles sont remarquables par l'obliquité de leurs digitations.

Cette espèce, qui a été décrite par M. Hauer en 1861,

provient du Val di Trompia, province de Brescia. Les divers échantillons que j'ai recueillis appartiennent au Lias moyen marneux de l'Aveyron et de la Lozère et caractérisent la partie moyenne des couches à A. margaritatus ; Elle est assez commune à Bosc et à Tournemire.

Ammonites achantoïdes, Reynès.

Pl. I bis. Fig. 3 a-b.

Coquille renflée, ombiliquée profondément, ornée de côtes irrégulières et dichotomées aboutissant à un tubercule placé sur la partie externe des flancs ; dos rond ; flancs arrondis présentant une série de tubercules formant une légère crête qui limite le dos ; la partie ombilicale des côtes internes des flancs est pourvue de côtes simples.

Cette espèce a de grands rapports avec l'A. crassus de Phillips (A. Raquinianus, d'Orbigny) ; elle en diffère par la structure des flancs ; il y a, en effet, dans cette dernière une sorte de meplat sillonné par des côtes plus espacées que dans nos espèces ; ce caractère qui est du reste difficile de faire comprendre dans une description, se saisit facilement par l'examen comparatif d'un certain nombre d'échantillons. Elle appartient à la même zône que l'A. Ragazzonii et elle est assez commune à Bosc et à Tournemire.

Ammonites pseudoradians, Reynès.

Pl. I bis. Fig. 4 a-c.

Espèce comprimée, carénée, ornée de côtes serrées falciformes ne passant pas sur la carène ; dos arrondi, divisé par une carène saillante et non striée ; paroi interne (ombilicale) des tours lisse ; ombilic très-évasé.

Cloisons formées de 3 selles latérales (dorsale, latérale

supérieure et latérale inférieure). Cette espèce qui a les plus grands rapports avec l'A. radians des auteurs, s'en distingue par des tours moins larges ; elle est en outre plus comprimée et les cloisons sont moins digitées ; elle diffère aussi dans le dessin général, bien qu'il y ait une certaine similitude. La selle latérale est plus courbée et le lobe latéral inférieur est moins profond ; les côtes ne sont pas groupées comme dans l'A. radians.

Elle appartient à la zône de l'A. margaritatus ; je ne l'ai rencontrée qu'à Bosc.

Ammonites Nilssoni, Hébert.

Pl. I bis. Fig. 5 a-d.

Bulletin de la Société Géologique, tome XXIII, page 521.

Les individus que j'ai figurés sous ce nom appartiennent à la zône de l'A. margaritatus (Lias moyen); ils sont généralement plus renflés que ceux des zônes à A. jurensis et A. bifrons du Lias supérieur ; malgré l'absence de tout autre caractère, je n'aurais pas hésité à en faire une espèce, si je n'eusse découvert parmi les individus du Lias supérieur, des échantillons qui étaient aussi renflés ; tout caractère de distinction disparaissant, je n'ai plus hésité à les confondre. Les cloisons sont identiques. Elle provient de Bosc et de Tournemire.

Ammonites Algovianus, Oppel.

Pl. II. Fig. 1 a-d.

Ammonites radians amalthei, Oppel. Der mittler Lias Schwabens, page 51, table III, fig. 1.

A. Normanianus (non d'Orb.). Oppel Jura formation, page 168.

Falcifer Ammonit. Quenstedt. Jura, page 173, table XXII, fig. 28.

Ammonites Algovianus. Oppel. Pal. Mittheilungen, page 137.

Ammonite comprimée, carénée, ornée de côtes simples,

droites, espacées, infléchies vers le dos ; dos divisé par une carène tranchante, placée entre deux sillons ; ombilic très-évasé. L'aplatissement des tours et leur ornementation distinguent cette Ammonite suffisamment. L'Ammonite thoarcensis d'Orb. a cependant de grands rapports avec celle-ci ; ses côtes sont cependant plus droites et plus accentuées que dans celles du Lias supérieur, les tours un peu plus carrés que dans l'A. thoarcensis.

Cloisons formées de 4 selles et 5 lobes y compris le lobe ventral ; les dijitations sont très-profondes. La selle dorsale présente une digitation ; le premier lobe latéral est plus large que le lobe dorsal et divisé en cinq branches formant des parties paires ; la première selle latérale est moins longue que la selle dorsale ; le deuxième lobe latéral est très-petit et plus élevé que les deux autres.

Elle provient de la zône à A. margaritatus de l'Aveyron et de la Lozère.

Ammonites Alberti, Reynès.

Ammonites Oppeli, Reynès. Pl. III. Fig. 2 a-c.

Coquille renflée, profondément ombiliquée, ornée de côtes et de tubercules ; dos comprimé, sillonné par de petites côtes dichotomées ; flancs à parois déclives vers l'ombilic avec des côtes plus marquées que celles du dos ; ces côtes se réunissent par paires sur les flancs où elles aboutissent à un gros tubercule ; ces tubercules sont placés de distance en distance et les intervales qu'ils forment entre eux sont remplis par des côtes simples.

Lobes peu digités ; selle dorsale très-haute ; lobe dorsal profond et oblique ; la deuxième selle est très-peu élevée.

Elle provient du Lias moyen marneux de Bosc.

Ammonites hebertinus, Reynès.

Pl. II. Fig. 3 a-c.

Coquille à tours ronds lisses ; les tours se recouvrent presque complétement ; ombilic très-étroit ; cloisons formées de huit selles à branches arrondies, étroitement pédonculées et presque identiques entre elles. Cette espèce a la forme d'un Fimbrié et les cloisons d'un Heterophylle. On la trouve à Rivière et à Bosc (Aveyron) et à Mende (Lozère) dans la zône à A. margaritatus.

Ammonites ruthenensis, Reynès.

Pl. II. Fig. 4 a-c.

Coquille comprimée, largement ombiliquée, à tours carrés simplement en contact, ornée de côtes sygmoïdes. Cette coquille a des rapports avec l'A. Algovianus, dont elle se distingue par des tours plus renflés et plus larges et par des côtes plus serrées et plus fines. Les cloisons sont très-voisines de celles de l'A. Algovianus ; les selles sont plus larges, plus digitées, à trois lobes. On la rencontre dans le Lias moyen marneux de Rivière, Bosc et le Clapier.

Ammonites boscensis, Reynès.

Pl. III. Fig. 2 a-c.

Ammonite comprimée, largement ombiliquée, assez enroulée, presque rectangulaire ; les côtes sont simples, doublement infléchies ; elles présentent, comme dans l'A. serpentinus, une forte courbure en avant sur la région interne des flancs ; dans les individus jeunes, ce caractère est moins prononcé, ainsi que l'indique la figure que j'en donne ; les côtes, après avoir subi cette courbure, s'infléchissent brusquement en arrière et se dirigent sur le dos obliquement en formant une courbe légère moins accusée que la précédente. Le dos est plat, tricaréné et coupe les flancs sous un angle de 120 degrès ; la grandeur de cet angle tient à ce que le plan du côté qui est à angle droit sur la moitié de la surface des flancs, se recourbe et s'infléchit par l'amincissement des tours et augmente d'autant la valeur de l'angle; la hauteur des tours est presque double de la largeur. Les cloisons sont simples ; la selle dorsale est large et ne présente qu'une seule dijitation ; le premier lobe latéral a la même largeur que la selle dorsale et est formé par trois lobes impairs ; la troisième et la quatrième selle dorsale, le lobe dorsal et le deuxième et le troisième lobe latéral sont très-petits.

J'ai recueilli cette espèce à Bosc et à Rivière dans la zône à A. margaritatus.

Ammonites Sturi, Reynès.

Pl. III. Fig. 1 a-e.

Cette espèce a la plus grande analogie avec l'A. Partschi, Stur. Je l'avais même rattachée primitivement à cette espèce et je m'étais appuyé sur l'autorité du regretté Oppel. L'examen plus attentif de l'espèce m'a démontré qu'elle était plus comprimée ; en outre les lobes sont claviformes et plus découpés que dans l'espèce de M. Stur ; à raison de cela, je propose le nom de Sturi, en l'honneur de cet auteur qui a décrit la forme affine de mon espèce.

En outre, il était pénible pour un géologue de synonymiser une espèce de la zône à A. obtusus avec une espèce de la zône à A. margaritatus ; grâce à ces caractères, toutes les inquiétudes des paléontologues seront dissipées.

Ammonites Maresi, Reynès.

Pl. III. Fig. 3 a-b.

Ammonite globuleuse, à ombilic profond, à tours à peine

embrassants, ornée de côtes assez fortes, régulièrement divisées sur la région dorsale et se réunissant deux à deux en produisant un tubercule sur les flancs ; à partir de ce tubercule, la côte est simple et se dirige vers l'ombilic. Les tours sont presque ronds, peu échancrés par le retour de la spire, et plus larges que hauts.

Loges digitées, formées par trois selles et trois lobes assez profonds, trop peu visibles pour être dessinés. La régularité des tubercules et de la bifurcation distingue nettement cette espèce de l'A. acanthoïdes. Elle provient du Lias moyen à A. margaritatus de Bosc (Aveyron).

Ammonites affricensis, Reynès.

Pl. III. Fig. 2 a-c.

Espèce à tours très-enveloppants, ornée de côtes simples, distinctes, avec une carène peu marquée et dépourvue de sillons; les côtes légèrement falciformes s'effaçant à la fois sur le dos et sur la région ombilicale. La hauteur est double de l'épaisseur. Les tours sont ovales; les lobes, au nombre de quatre, peu ramifiés, lobe dorsal avec une énorme selette ; selle dorsale avec dijitations profondes, premier lobe latéral avec dijitation peu profonde ; première et deuxième selle latérale très-étroites. Du Lias moyen marneux de Rivière (Aveyron).

Ammonites disciformis, Reynès.

Pl. III. Fig. 5 a-c.

Espèce disciforme, à tours comprimés, ombilic étroit et à bords arrondis ; tours deux fois plus hauts que larges s'amincissant en s'éloignant de l'ombilic ; stries rayonnantes, à peine visibles. Loges découpées et en massue ; trois digitations au sommet des selles ; selle latérale très-élevée ; 1er lobe latéral profond et à trois branches. Espèce trouvée dans le Lias moyen marneux de Rivière (Aveyron).

Ammonites Coquandi, Reynès.

Pl. III. Fig. 6 a-e.

Cette singulière espèce est comprimée, largement ombiliquée, à peine enveloppante 1/6 ; tours ellipsoïdaux, peu échancrés par le retour de la spire, un peu moins larges que hauts 3/4 ; la coquille est ornée de côtes simples qui naissent à la limite de la région ombilicale et augmentent de volume sur les flancs ; elles passent de là sur le dos en s'unissant à celles du côté opposé et en subissant une légère inflexion en arrière.

Cloisons peu ramifiées ; Selle dorsale large 1/3 de la cloison ; 1er lobe latéral étroit pair, à 5 digitations ; 2e lobe latéral, impair, étroit et peu profond. Elle provient des marnes du Lias moyen de Bosc.

Ammonites Fieldingii, Reynès.

Pl. IV. Fig. 1 a-d.

Coquille comprimée, enroulée et peu embrassante 1/6, ornée de côtes simples, infléchies, peu nombreuses et s'effaçant vers la région dorsale ; dos arrondi, légèrement caréné ; cloisons simples, lobe dorsal à deux branches ; selle dorsale unie, digitée ; lobe latéral profond à dentelures multiples dont la symétrie est un peu diffuse. Cette Ammonite, d'après Sæmann, est du Lias moyen de l'Aveyron et a été recueillie par M. Argelliez, à Rivière, près Milhau.

Ammonites Gauthieri, Reynès.

Ammonites Phillipsi, Sow. in Hauer. Pl. IV. Fig. 2. Ueber die Ammoniten aus dem Sogenannten Medolo der Berge Domaro und Guglielmo in Val di Trompia, provinz Brescia. Wien 1861.

Espèce du groupe des Fimbriés à tours arrondis, étranglés par des sillons de distance en distance à peine embrassante. Ombilic large et peu profond; lobes persillés à digitations simples ; selles étroites larges au sommet avec une digitation profonde ; le premier lobe latéral aussi large que haut est divisé vers le fond en quatre parties séparées par une petite selle très-étroite ; le deuxième lobe est oblique et dissymétrique. M. de Hauer a figuré cette espèce parmi les Ammonites de Meddlo, fig. 8 à 10. L'Ammonite figurée ici diffère considérablement de l'espèce de Sowerby qui est à peine étranglée et présente de petits renflements de distance en distance. C'est ce qui m'a fait changer le nom.

Ammonites frondosus, Reynès.
Pl. V. Fig. 1 a-c.

Ammonite à tours embrassants, lisses, légèrement aplatis sur les flancs ; ombilic étroit en entonnoir ; dos et tours ronds ; cloisons persillées ; cinq selles à cinq branches principales très-découpées et étroitement pédonculées (non compris la selle ventrale) ; lobes à trois branches principales fortement digitées.

Cette espèce a la plus grande affinité avec l'A. heterophyllus du Lias supérieur et ne peut être distinguée extérieurement de celle-ci, bien qu'elle soit plus globuleuse ; le seul caractère distinctif consiste dans les selles fortement digitées à leurs extrémités ; en outre, la trifurcation des lobes est très-facile à reconnaître et est à peine indiquée dans l'espèce de Sowerby.

Ammonites instabilis, Reynès.
Pl. V. Fig. 2 a-c.

Ammonite comprimée, à tours larges, peu embrassants 1/4, costulée à tous les âges, à côtes distantes et peu visibles dans les jeunes, serrées et plus accusées dans l'adulte. Le dos est rond et divisé par une carène à peine indiquée. Elle a été trouvée à Rivière dans la zône à A. margaritatus; elle semble au premier abord avoir quelques rapports avec l'A. bicarinatus et l'A. elegans; elle se distingue de la première par un dos arrondi et de la deuxième par des tours comprimés; cette dernière espèce ne prend les côtes rapprochées et falciformes qu'après avoir pris un développement plus avancé. Les cloisons sont caractéristiques : quatre selles et quatre lobes très-inégaux et peu ramifiés.

Ammonites planispira, Reynès.

Pl. V. Fig. 3 a-c.

Ammonite à tours aplatis, lisses, se recouvrant à moitié; ombilic large; dos rond; cloisons semblables à celles de l'A. heterophyllus. Selles découpées à cinq branches étroites; lobes à trois branches digitées, séparées par de petites selles. Elle a les plus grands rapports avec une certaine variété de l'A. lunula; les cloisons permettent de les distinguer. Elle est du Lias moyen de Rivière; zône à A. margaritatus.

Ammonites Woodwardi, Reynès.

Pl. V. Fig. 4 a-c.

Ammonite globuleuse, lisse, à ombilic étroit et profond; tours presque ronds se recouvrant complétement; flancs traversés par des côtes très-étroites s'effaçant sur la région dorsale et donnant à cette espèce une apparence vaguement polygonale; lobes à 2 branches principales subdivisées elles-mêmes en 2 ou 3 branches secondaires; lobes à 3 branches légèrement digitées; le côté dorsal est plus profond que le côté ventral; elle est de la zône à A. margaritatus et je l'ai recueillie à Bosc près Cornus (Aveyron).

Pleuromya Heberti, Reynès.

Dans le texte sous le nom faux de Pholadomya.

Espèce voisine du Myacites (Pleuromya) mactroïdes de Schlotheim in Goldfuss, pl. 154, fig. 1. Elle s'en distingue par une forme plus allongée et par son gisement ; celle de Schlotheim se rencontre dans le Muschelkalk ; la nôtre provient de la partie supérieure des marnes à A. margaritatus de Lauras.

Nucula subovalis, Goldfuss.

Goldfuss. Petrefacta Germaniæ, Pl. 125. Fig. 4.

Sous le nom de Nucula palmæ de Sowerby dans mon texte.

Nucula Bruni, Reynès.

Sous ce nom, je désigne une espèce fort connue et habituellement confondue avec la Nucula inflexa de Rœmer qui provient de l'oolithe inférieure ; elle a une forme bien différente ; la région buccale est presque carrée dans celle de Rœmer ; dans la Nucula de la zône à A. margaritatus, cette région est arrondie et dépasse la charnière d'un quart.

Je l'ai rencontrée à Bosc, et à Thiergues près Lauras.

Arca Sauvairei, Reynès.

Espèce subcarrée, ventrue, à région cardinale anguleuse et voisine de forme de l'Arca concinna de Goldfuss, pl. 123, fig. 6 ; cette dernière, qui provient de l'oolithe inférieure, est moins acuminée sur la région anale que celle-ci. Elle vient de Bosc, dans le même gisement.

Arca Münsteri, Goldfuss.

Goldfuss, Petrefacta Germaniæ. Pl. 122, fig. 11.

Cette espèce se trouve à Bosc et a été oubliée dans le texte ; zône à A. margaritatus.

Terebratula ruthenensis, Reynès.

Coquille trigone, plus ou moins allongée, renflée à la région apiciale, mince, tronquée et bilobée sur la région frontale où les côtes se joignent en lobes arrondis ; ouverture petite ; deltidium bien marqué.

Dans les couches les plus élevées de la zône à A. margaritatus de Bosc.

Rhynchonella liasica, Reynès.

Coquille pentagonale, plus large que longue, renflée au centre, ornée de plis nombreux qui vont en rayonnant du crochet au bord frontal. La face inférieure est creusée par un sinus qui se traduit par un renflement sur la valve opposée ; les bords de la coquille sont linéaires ; les plis varient de nombre, j'en ai compté de 25 à 30 et même un plus grand nombre sur la valve supérieure.

Cette espèce est commune à Bosc et au Clapier dans la partie supérieure de la zône à A. margaritatus.

Rhynchonella boscensis, Reynès.

Espèce trigone, à plis peu nombreux (15 sur la valve supérieure), allant des crochets au bord frontal avec un léger sinus au milieu. Le bord palléal est taillé brusquement et le lobe médian est orné de trois gros plis tandis que les deux autres lobes placés sur les côtés ont chacun 5 côtes.

Elle est du Lias moyen de Bosc et est associée aux espèces précédentes.

Acrosalenia Cotteaui, Gauthier.

Diamètre, 13 millimètres. — Hauteur, 46 centièmes du diamètre.

Coquille circulaire, également déprimée en dessus et en dessous, concave au tour du péristome. Aires ambulacraires droites, garnies de deux rangées de très-petits tubercules, au nombre de 14 à 15 par rangée, perforés, crénelés, légèrement scrobiculés. L'espace intermédiaire est occupée par des granules fins et homogènes. Aires interambulacraires garnies de deux rangées de tubercules, beaucoup plus gros que les tubercules ambulacraires, perforés, crénelés, avec de larges scrobicules elliptiques qui se touchent par la base, au nombre de 10 par rangée. Zône miliaire large, abondamment garnie de granules. Péristome de moyenne grandeur, subcirculaire; appareil apical assez grand, pentagonal, à en juger par l'empreinte. Ce n'est pas sans hésitation que nous avons rangé cette espèce parmi les Acrosalenia ; l'appareil apical, qui eût levé tous les doutes, manque dans les deux exemplaires que nous avons sous les yeux ; les pores ne sont pas visibles à cause de la petitesse des exemplaires et de leur mauvais état de conservation. Nous avions songé d'abord à les ranger parmi les Pseudodiadema, mais l'absence complète de tubercules secondaires, et surtout la grandeur des scrobicules aux aires interambulacraires, et la disproportion considérable des tubercules ambulacraires et interambulacraires, nous ont déterminé pour le genre Acrosalenia.

Localité — Bosc ; zône à A. margaritatus.

Ammonites Frantzi , Reynès.

Ammonites comensis de Buch. Hauer, Ueber die Cephalopoden aus dem Lias der N. O. Alpen 1856. Page 37, tab. XI, fig. 1-9.

Ammonites comensis de Buch, Reynès. Tab. V, fig. 6 a-e.

Avant de posséder l'ouvrage de v. Buch, j'ai confondu avec M. de Hauer cette espèce avec l'A. comensis. Cette confusion ne saurait persister aujourd'hui et voici les différences que j'ai observées ; l'A. comensis de v. Buch est une espèce comprimée, carénée, à tours ronds ou ellipsoïdaux. La coquille est ornée de côtes simples partant de la carène ; elles aboutissent, en s'anastomosant au nombre de 3 ou 4, à un tubercule placé sur la région ombilicale des flancs ; le dos est rond. Dans l'A. Frantzi, les tours sont comprimés sur les côtés ; le dos est carré et non arrondi et sillonné sur les deux côtés de la carène. En outre, il n'existe pas de tubercules proprement dits sur la portion interne des flancs ; ce sont des côtes qui réunies entre elles forment une proéminence linéaire un peu plus forte. Je l'ai dédiée à M. de Hauer dont j'estime profondément les travaux.

Je l'ai rencontrée au Clapier dans la zône à A. bifrons.

Elle est rare.

Ammonites erbaensis, Hauer.

Pl. V. Fig. 5 a-e.

Hauer. Die Cephalopoden aus dem Lias der N. O. Alpen, 1856. Tab. XI, fig. 10-14, page 42.

J'ai figuré cette espèce remarquable qui est très-peu connue en France. Dans les jeunes, les tours sont carrés, carénés, costulés et pourvus de distance en distance de tubercules placés sur la région ombilicale des tours : à chacun de ces tubercules viennent aboutir deux ou trois côtes qui forment sur ce point un chevron. Les adultes ont des tours cordiformes et de grosses côtes droites. Zône à A. bifrons du Clapier, Rivière, Lauras.

Ammonites acanthopsis, d'Orbigny.

A. acanthopsis, d'Orb. prodrome, tome 1, page 247.

A. Dayi, Reynès. Pl. V, fig. 7 a-d.

Cette espèce que j'avais cru être nouvelle, se compose de tours larges, très-surbaissés, avec un rang de tubercules placés sur les flancs ; dos rond, ombilic profond. Elle appartient au groupe des Couronnés.

Lobe dorsal profond, vertical, peu divisé et très-grand ; selle dorsale étroitement pédonculée à trois branches ; le 1er lobe latéral a trois digitations ; 1re selle latérale à trois branches comme la première.

Je l'ai recueillie dans la zône à A. bifrons du Clapier, de Saint-Jean-d'Alcapies et de Rivière.

Elle est rare.

Ammonites Emilianus, Reynès.

Pl. VI. Fig. 1 a-c.

Coquille à tours comprimés, carénés, largement ombiliqués, taillés à pic sur la région ombilicale et arrondie sur le dos. La coquille est ornée de côtes droites sur les flancs qui s'infléchissent sur la région dorsale. Lobes simples ; lobe dorsal vertical, étroit et profond ; selle dorsale large ; lobe latéral à trois divisions principales ; selles latérales à peine ramifiées. Elle provient de la zône à A. bifrons du Clapier et je l'ai dédiée à M. Emilien Dumas.

Ammonites Zitteli, Oppel.

Pl. VI. Fig. 2 a-e.

Oppel. Paleont. Mittheilungen, page 139, table XLII. Fig. 2 a-b-c-d.

Oppel a figuré le jeune de cette espèce et j'ai été assez heureux pour rencontrer des individus plus avancés en âge ; jeune, elle a des tours ronds et n'a pour ornementation que de petits tubercules situés sur les flancs ; à l'état adulte, les tours deviennent carrés, et aux tubercules se joignent de petites côtes. Les lobes sont remarquables par leur obliquité ; lobe dorsal profond et vertical ; selle dorsale à trois feuilles très-découpées ; premier lobe latéral trifurqué et oblique ; première selle latérale bilobée.

J'ai recueilli cette Ammonite à Saint-Jean-d'Alcapies et au Clapier dans la partie inférieure de la zône à A. bifrons.

Ammonites Argilliezi, Reynès.

Pl. VI. Fig. 3 a-c.

Espèce globuleuse, à tours complétement embrassants, avec de grosses côtes qui rendent les flancs ondulés. Ombilic étroit infundibuliforme ; dos rond. Lobes rappelant ceux des Heterophylles, mais non en massue. Elle est voisine de l'A. Brotianus, d'Orbigny, du Gault.

De la zône à A. Braunianus au Clapier. Très-rare.

Ammonites Gervaisi, Reynès.

Pl. VI. Fig. 4 a-c.

Coquilles à tours ronds, simplement en contact et ornés de côtes droites simples sur les flancs ; dos rond et uni ; ombilic large. Lobe peu profond trifurqué ; selles peu élevées à deux branches. De la zône à A. bifrons du Clapier.

Ammonites Le Meslei, Reynès.

Ammonite globuleuse à tours ronds et sans côtes, ombilic large. Cette espèce est voisine de l'A. nautiloïdes de Raspail (sternalis, Buch in d'Orbigny). Elle s'en distingue par un ombilic large dans lequel on voit une partie des tours intérieurs. Zône à A. bifrons le Clapier.

Ammonites radiosus, Reynès.

J'ai donné ce nom à l'espèce qui est vulgairement connue sous le nom de radians. L'espèce de Reinecke, très-rare en France, diffère considérablement de celle-ci qui est extrêmement commune. Je ne connais l'A. radians vrai que de la Verpilière et de quelques localités de la Bourgogne.

Leda lugens, Reynès.

Sous le nom de Leda lugens, j'ai décrit une espèce extrêmement affine de la Nucula (Leda) lacryma de Sowerby et avec laquelle elle a même été confondue. L'espèce de Sowerby appartenant aux terrains tertiaires, j'ai cru cette raison plus que suffisante pour faire cesser cette confusion.

Arca Costei, Reynès.

Coquille renflée, deux fois plus longue que large, arrondie sur le bord palléal. La région cardinale est anguleuse mais moins que dans l'Arca Sauvairei du Lias moyen. Elle est assez commune au Clapier, dans la zône à A. discoïdes.

Inoceramus Josephi, Reynès.

Espèce très-voisine de l'Inoceramus cinctus, Goldfuss, pl. 115, fig. 5 ; elle se distingue par des côtes plus espacées et une taille moindre qui ne dépasse pas deux centimètres. De la zône à A. bifrons de St-Jean-d'Alcapies.

Hemicidaris ruthenensis, Gauthier.

Diamètre, 30 millimètres. — Hauteur, 57 centièmes du diamètre.

Coquille circulaire, subpentagonale, déprimée en dessus, plane en dessous, arrondie à l'ambitus. Zônes porifères subonduleuses, composées de pores ovales séparés par un granule. Aires ambulacraires, ornées à l'ambitus et à la face inférieure de deux rangées de tubercules alternes, crénelés, perforés, scrobiculés, beaucoup plus petits que les tubercules interambulacraires. Granules très-abondants, inégaux, irréguliers. Tubercules interambulacraires relativement très-gros et saillants, mais diminuant rapidement de volume près du sommet, au nombre de 6 à 7 par rangée, très-distinctement crénelés, perforés, scrobiculés. Zône miliaire étroite, très-sinueuse, à cause des tubercules, dont elle borde les scrobicules. Péristome grand, à fleur du test. — Appareil apical, médiocrement développé, pentagonal.

Radioles inconnus.

Localité : Le Clapier zône à A. Murchisonæ.

Rhynchonella ruthenensis, Reynès.

Coquille subpentagonale, anguleuse, tronquée sur la région frontale, aiguë vers la région cardinale ; la valve supérieure est relevée très-fortement dans la partie médiane; la valve inférieure en suivant l'inflexion de la première, produit un sinus médian presque vertical et peu profond ; plis aigus, profonds et peu nombreux ; trois sur le lobe médian et cinq sur chaque lobe latéral ; le nombre des plis est toujours un peu variable.

Elle caractérise les premières assises de la base de la zône à A. Murchisonæ.

Hemipedina Rouvillei, Desor.

Diamètre, 42 millimètres, — hauteur, 48 centièmes du diamètre.

Coquille circulaire, déprimée, arrondie et pulvinée à l'ambitus, concave au péristome. Zônes porifères composées dans toute la longueur de pores simples, mais déviant un peu de la ligne droite aux approches du péristome. Aires ambulacraires étroites, garnies de deux rangées de tubercules, légèrement scrobiculés, perforés, non crénelés, mamelonnés vers l'ambitus, diminuant de volume à mesure qu'ils se rapprochent du sommet. Ces tubercules sont au nombre de 24 à 25 par rangées. Granules intermédiaires abondants. Aires interambulacraires ornées de deux rangées de tubercules principaux, qui occasionnent un léger renflement longitudinal, au nombre de 14 à 15 par rangée, plus gros que les tubercules ambulacraires, scrobiculés, perforés, mamelonnés, non crénelés. A ces tubercules, se joignent des tubercules secondaires, formant entre les premiers deux rangées régulières, qui ne s'élèvent pas jusqu'au sommet ; quelques petits tubercules épars se voient en outre entre ces rangées. Granules abondants, formant un cercle autour des tubercules. Péristome assez grand, décagonal. — Appareil apical, à en juger par l'empreinte, pentagonal, assez développé.

Nous n'avons entre les mains qu'un seul exemplaire de cette espèce.

Localité : J'ai confié cet oursin à M. Desor qui me l'a renvoyé avec la dénomination ci-dessus.

Elle provient du calcaire marin supérieur aux calcaires d'eau douce de la Cavalerie.

Rhynconella Julii, Reynès.

Coquille à pourtour arrondi, très-surbaissée, un peu plus large que longue ; plis forts et peu nombreux s'étendant du crochet au bord frontal. Je l'ai recueillie au Clapier, dans la zône à A. Braunianus.

M. Gauthier, professeur au Lycée de Marseille, a bien voulu se charger de la description de mes échinides ; ses connaissances profondes et spéciales en pareille matière me faisaient un devoir de lui en confier le soin ; je le remercie d'avoir bien voulu s'associer à mon œuvre.

TABLE.

Marseille.— Imp. H. SERREN, Quai de Rive-Neuve, 3.

Pl. I.

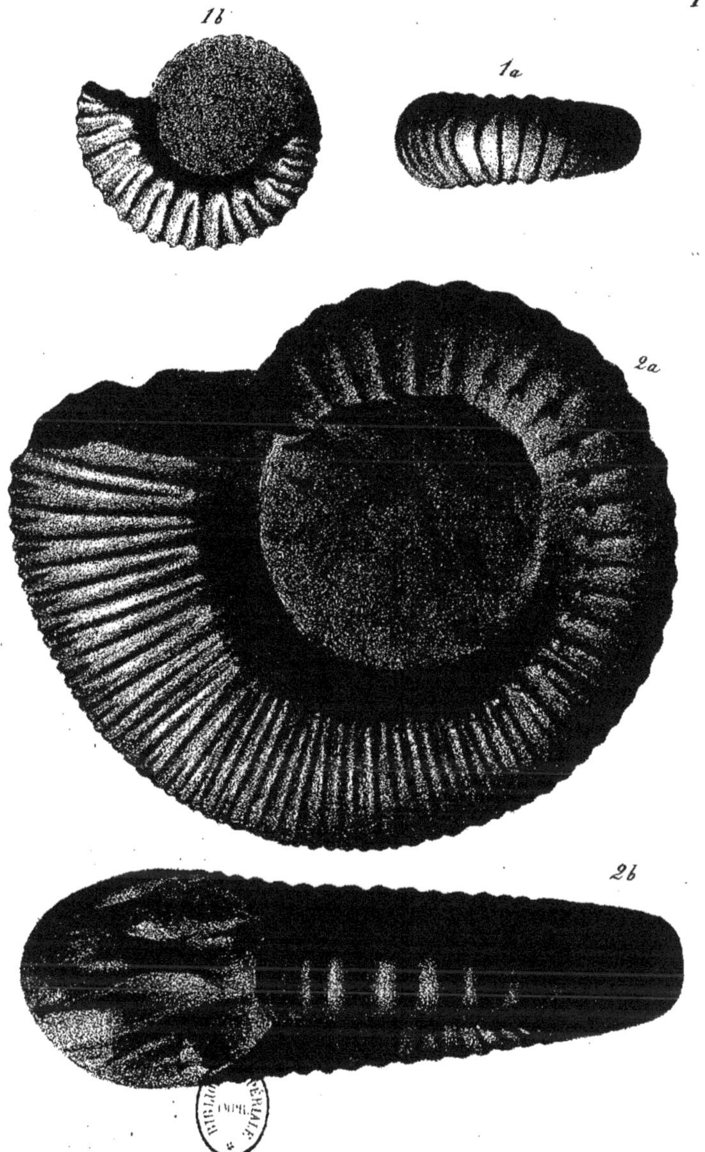

Fig. 1 a-b Ammonites Laurasensis N. sp. L. M. Zône à A. fimbriatus
" 2 a-b A. .... Henleyi Sow. L. M. .... id. ....

A. ALBERT, DEL.

LITH. H. ZERBI.

Pl. I

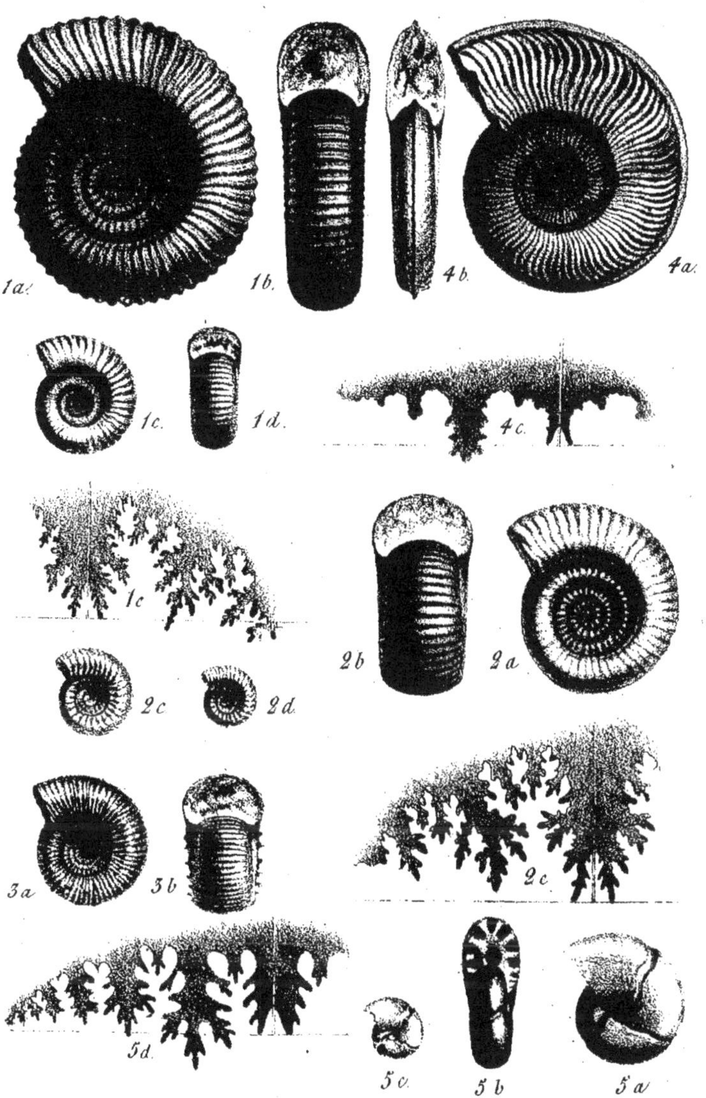

Fig. 1 a – e Ammonites Ragazzonii Hauer L. m. Zône à A. Margaritatus
„ 2 a – e A. .... id. var. inflata L. m. .... id. ....
„ 3 a – b A. .... acanthoïdes N. sp. L. m. .... id. ....
„ 4 a – c A. .... pseudo radians N. sp. L. m. .... id. ....
„ 5 a – d A. .... Calypso d'Orb. .... L. m. .... id. ....

Lith. A. Mulheren. Marseille

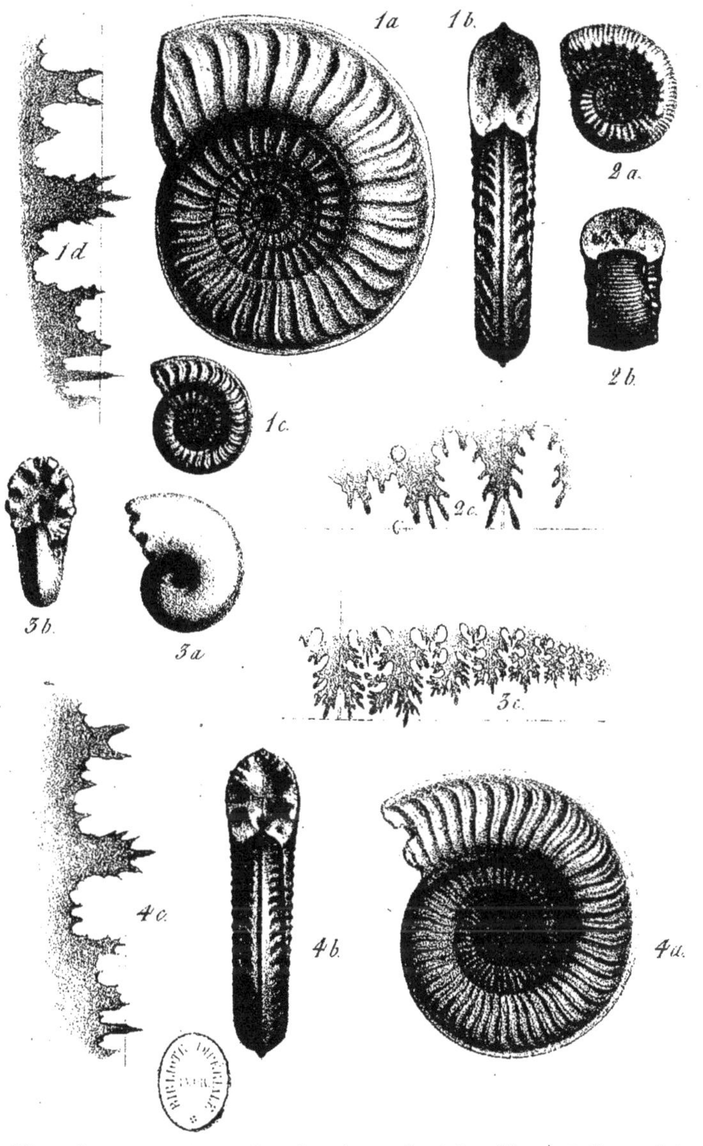

Fig. 1 a – d. Ammonites Algovianus Oppel. L.m. Zône à A. Margaritatus

" 2 a – c A. .... Oppeli .... N. sp. L.m. .... id. ....

" 3 a – c A. .... Hebertinus N. sp. L.m. ..... id. ....

" 4 a – c A. .... Ruthenensis N. sp. L.m. ...... id. ....

Lith. A. Matheron. Marseille.

Pl. 3.

Fig. 1 a_c Ammonites Partschi Stur I. M. zône à A. margaritatus
" 2 a_c A. .... Boscensis N. sp. I. M. .... id. ....
" 3 a_b A. .... Maresi N. sp. I. M. .... id. ....
" 4 a_c A. .... Affricensis N. sp. I. M. .... id. ....
" 5 a_c A. .... disciformis N. sp. I. M. .... id. ....
" 6 a_c A. .... Coquandi N. sp. I. M. .... id. ....

Lith. A. Matheron, Marseille

Pl. 4.

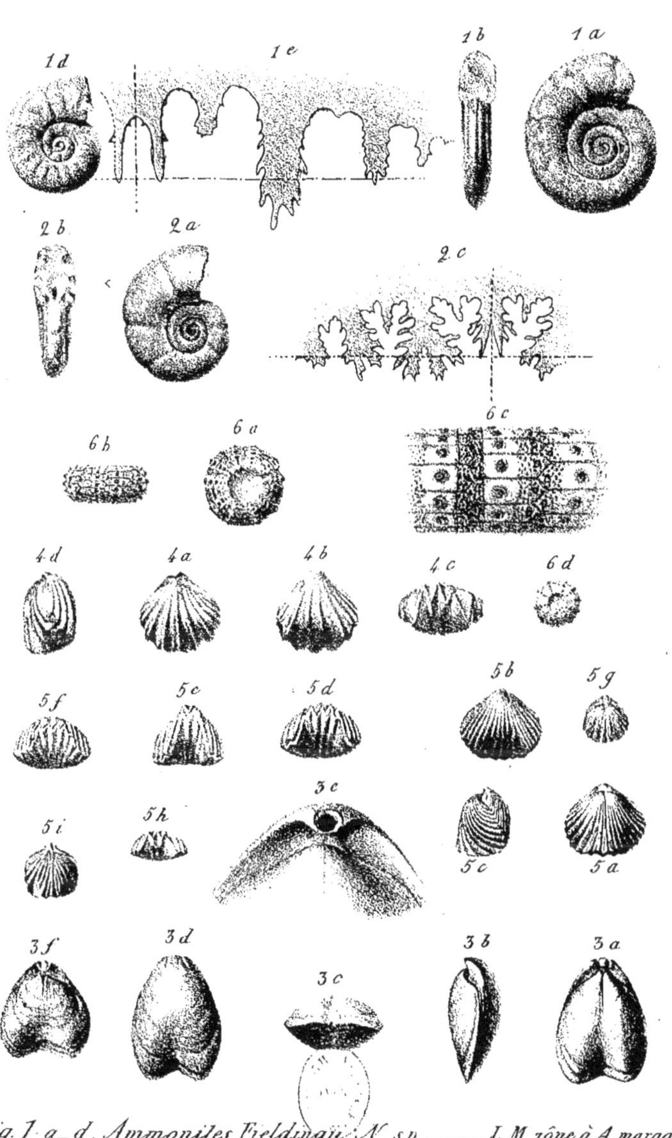

Fig. 1 a_d. Ammonites Fieldingii N. sp .... L. M. zône à A. margaritatus
„ 2 a_c A. .... Phillipsii Sow. in Hauer. L. M. .... id. ....
„ 3 a_f Terebratula Ruthenensis N. sp .... L. M. .... id. ....
„ 4 a_d Rhynchonella Boscensis .... N. sp .... L. M. .... id. ....
„ 5 a_i R. .... Liasica .... N. sp .... L. M. .... id. ....
„ 6 a_c Diademopsis Colteaui ...... N. sp. .... L. M. .... id. ....

Lith. A. Mathéron, Marseille.

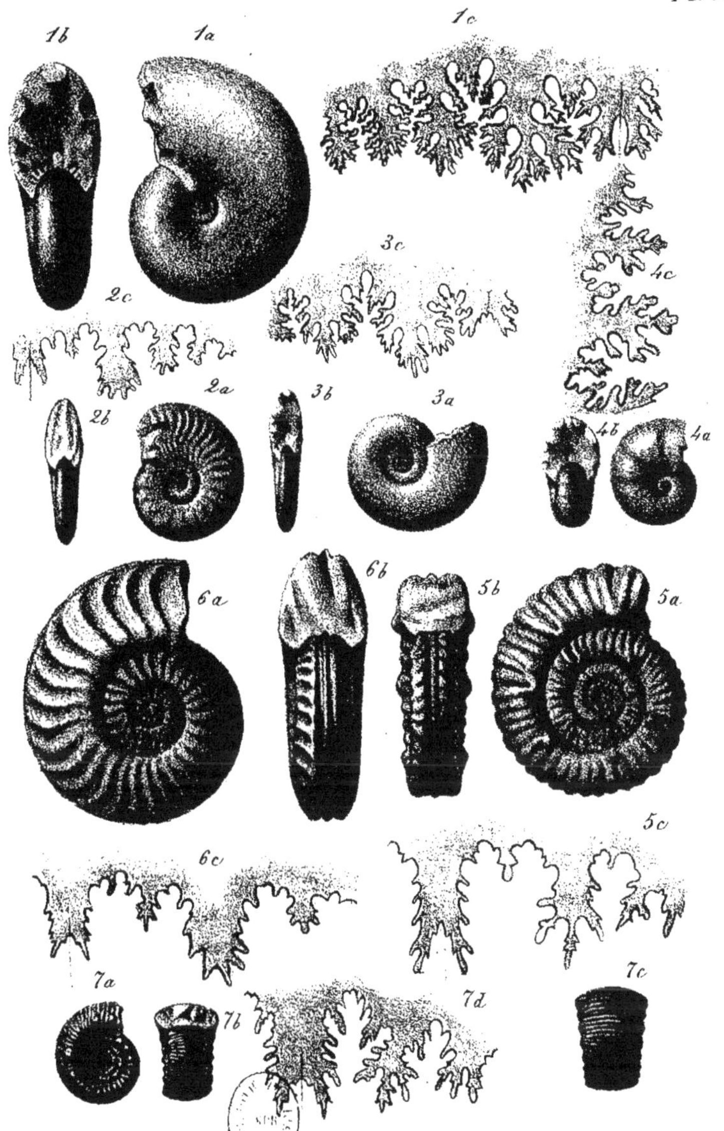

Fig. 1 a_c Ammonites frondosus N. sp. L. M. Zône à A. margaritatus

„ 2 a_c A. .... instabilis N. sp. L. M. .... id. ....

„ 3 a_c A. .... planispira N. sp. L. M. .... id. ....

„ 4 a_c A. .... Woodwardi N. sp. L. M. .... id. ....

„ 5 a_c A. .... Erbaensis Hauer L. S. Zône à A. radians

„ 6 a_c A. .... Comensis Buch L. S. .... „ ....

„ 7 a_d A. .... Dayi .... N. sp. L. S. .... A. bifrons

A. ALBERT, DEL.

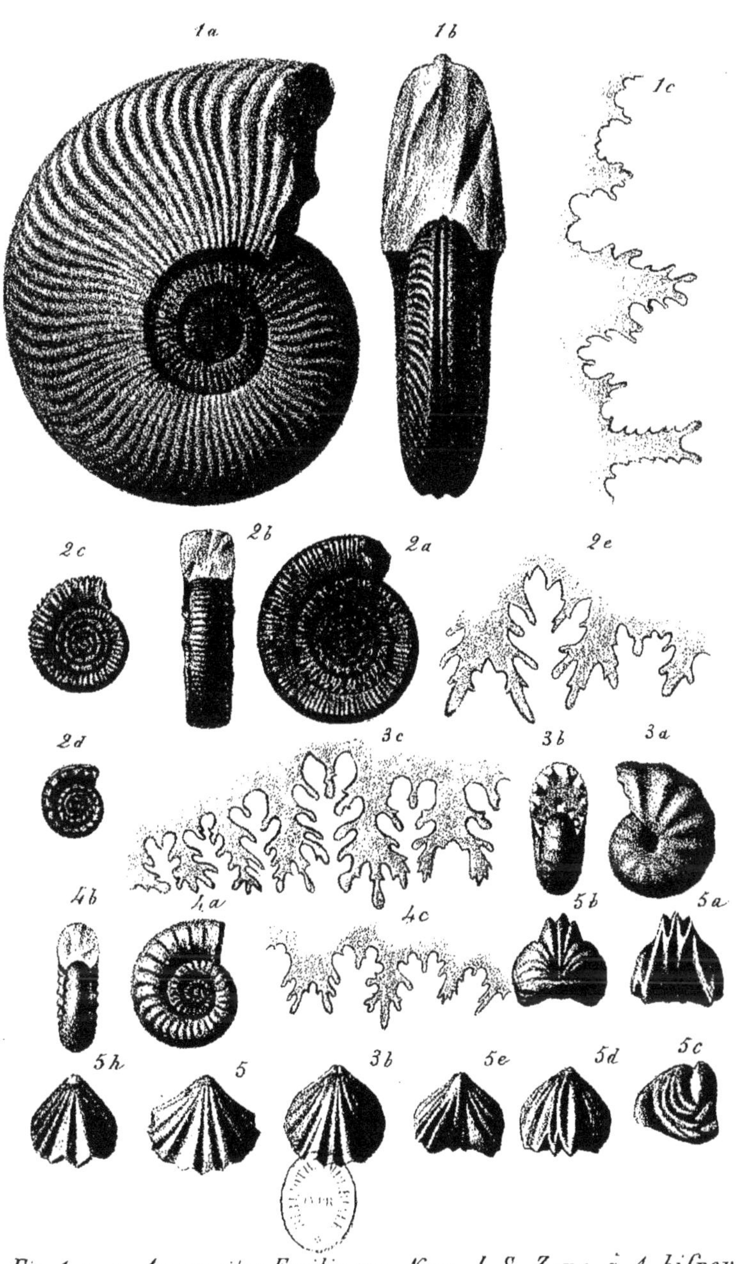

Fig. 1 a _ c Ammonites Emilianus N. sp. L. S. Zone à A. bifrons
„ 2 a _ c A. .... Zitteli oppel L. S. .... id ....
„ 3 a _ c A. .... Argelliezi N. sp. L. S. .... id ....
„ 4 a _ c A. .... Gervaisi N. sp. L. S. .... id ....
„ 5 a _ h Rhynchonella Ruthenensis N. sp. O. L. Zone à A. Murchisonæ

[A]LBERT, DEL.　　LITH. H. SEREX

Pl. VII

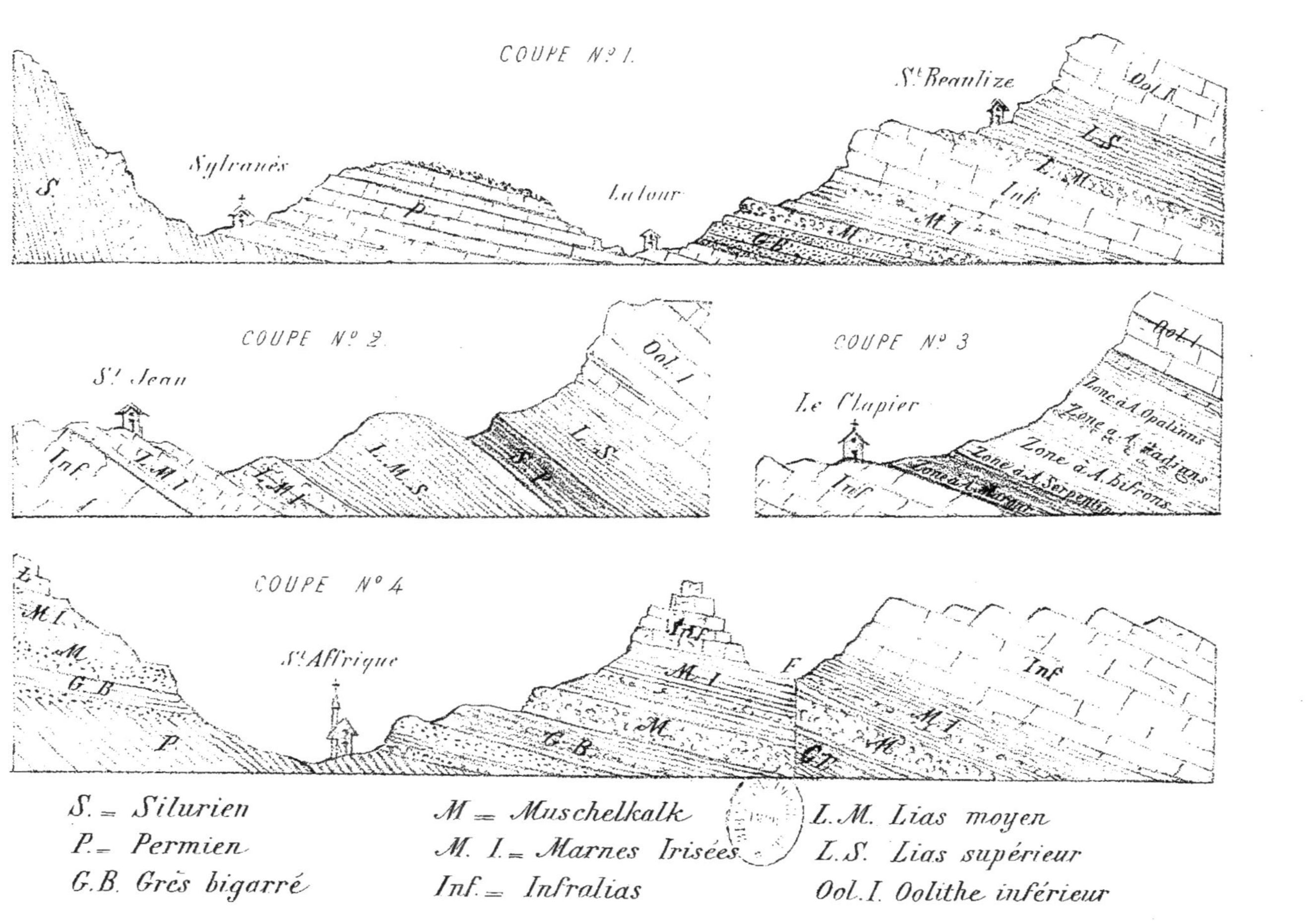

S. = Silurien
P. = Permien
G.B. Grès bigarré
M = Muschelkalk
M. I. = Marnes Irisées
Inf. = Infralias
L.M. Lias moyen
L.S. Lias supérieur
Ool. I. Oolithe inférieur

28 octobre 18

www.ingramcontent.com/pod-product-compliance
Ingram Content Group UK Ltd.
Pitfield, Milton Keynes, MK11 3LW, UK
UKHW021036230726
13926UKWH00004B/1508

9 782014 095067